Antonio Piccinardi

Fische und Meeresfrüchte

Antonio Piccinardi

Fische und Meeresfrüchte

Internationale Spezialitäten mit 465 Farbfotos

Aus den Rezeptsammlungen anerkannter Köche

BLV Verlagsgesellschaft
München Wien Zürich

CIP-Kurztitelaufnahme der Deutschen Bibliothek

Piccinardi, Antonio:
Fische und Meeresfrüchte: internat. Spezialitäten / Antonio Piccinardi. [Fotos: Emilio Fabio Simion. Dt. Übers.: Susanne Vogel]. – München, Wien, Zürich: BLV Verlagsgesellschaft, 1986
Einheitssacht.: Piatti di mare <dt.>
ISBN 3-405-13284-3

NE: Simion, Emilio Fabio:

Zu den Rezepten

Abkürzungen

TL Teelöffel
EL Eßlöffel
g Gramm
kg Kilogramm
cl Zentiliter
dl Deziliter
l Liter
1 l = 10 dl = 100 cl

Bildnachweis

Fotos: Emilio Fabio Simion
Zeichnungen:
Ezio Giglioli, Seiten 26–29, 86/87, 118, 156
Margrit Hofmann, Seiten 186–189
Titelfoto: Pete Eising, München

Der Autor dankt Frau Laura Raffo und Frau Cinzia Wybranowski für ihre Mitarbeit.

Titel der italienischen Originalausgabe:
Piatti di mare

Deutsche Übersetzung: Susanne Vogel

Satz: Ludwig Auer, Donauwörth
Druck und Bindung: Mondadori, Verona

Printed in Italy · ISBN 3-405-13284-3

Inhalt

Die Geheimnisse der Fischküche

Oft hört man, Kochen sei eine Kunst. Ein wahres Wort, das um so mehr für die Zubereitung von Fischgerichten zutrifft. Denn der Fisch muß nicht nur gut schmecken, er soll auch das Auge ansprechen. Er muß so präsentiert werden, daß er Erinnerungen an unbelastete und glückliche Mußestunden, an unbeschwerte Ferientage am Meer wachruft. Jeder Fisch, der ohne entsprechende Garnierung auf den Tisch gebracht wird, ist eine traurige Angelegenheit. Ein Karpfen, auf diese Art serviert, ist undenkbar; ein Aal, der einsam und namenlos auf seiner Platte liegt, wirkt geradezu mitleiderregend. Versuchen Sie dagegen den *Karpfen auf polnische Art,* eingehüllt in eine exotische Sauce, oder eine *Aaltorte,* die ihr Geheimnis unter einem Hauch von Blätterteig verbirgt. Oder auch eines der zahlreichen anderen Rezepte, die ausgefallene Fische, Schal- und Krustentiere verwenden: Seebarsch, Steinbutt und Stör, Languste, Hummer oder Austern. Die Rezeptnamen sind oftmals rätselhaft – auch das hat seine Bedeutung –, die Untertitel klären dann das Geheimnis: *Tempura* ist ein japanisches Fritto misto, hinter *Riba flambé* verbirgt sich flambierte Meeräsche, *Jansons Versuchung* bezeichnet einen schmackhaften Sardellenauflauf.
Aber in noch anderer Hinsicht erweist sich der vorliegende Band als nützlicher Ratgeber: bei der Wahl der passenden Weine für die jeweiligen Gerichte. Internationale Anbaugebiete, von Kalifornien bis Südafrika, werden ebenso berücksichtigt wie die europäischen Sorten, beispielsweise Pinot, Riesling, Lugana und Vernaccia.
Darüber hinaus vermittelt das Buch durch Menüvorschläge einen »Hauch von Raffinesse«. Mit glücklicher Hand wurden Vorspeisen, Hauptgerichte und Desserts so zusammengestellt, daß die jeweiligen Geschmacksrichtungen zu einem harmonischen Ganzen verschmelzen. So entsteht durch die immer neue Kombination der 105 Rezepte ein weitaus größerer Schatz von Gerichten, die immer wieder neu und anders schmecken.
Desserts wie *Gratinierte Walderdbeeren, Rhabarberauflauf, Calvados-Sorbet* und *Damenküßchen,* um nur einige zu nennen, sind auf den hinteren Buchseiten zusammengefaßt und bieten Gaumenfreuden, die stets erneut durch Unerwartetes und Phantasie überraschen.
Schließlich enthält dieser Band einen praktischen Anhang mit einigen Rezepten für Grundzubereitungen, einer Auswahl der wichtigsten Fischsaucen, einer Erläuterung der verschiedenen Garmachungsarten, einer Darstellung der wichtigsten Hilfsmittel sowie illustrierten Anleitungen zum Säubern von Fischen und Meeresfrüchten – nützliche Hinweise und Informationen, die selbst einfachste Rezepte veredeln und zu erfolgreichen Kreationen werden lassen.

Tafelsilber, Bestecke, Keramik und Porzellan, Töpfe und Tischwäsche wurden freundlicherweise von folgenden Firmen für die Fotografien zur Verfügung gestellt: Aris, Cantinarredo, Christofle, Cristallo di Censo, Faenze di Faenza, D. Farmache, Frette, Laboratorio Pesaro, Medagliani, B. Morone, Pomellato, Porcellana bianca, L. Ricciarini, Richard-Ginori, G. Rovere, Sebring, Vavassori.
Fische und Meeresfrüchte wurden von Pesclaudio bezogen.

Spezialgerichte

Meeresfrüchte-Salat

Zubereitungszeit
1 Stunde
(plus 1 Stunde zum Waschen der Muscheln und Messerscheiden)

6 gesäuberte kleine Kraken (300 g)
Salz
1 Selleriestange
200 g Miesmuscheln
300 g Messerscheiden
1 Knoblauchzehe
300 g gesäuberte Krebse
1 Bund Petersilie
6 EL Öl
Saft von ½ Zitrone
Pfeffer

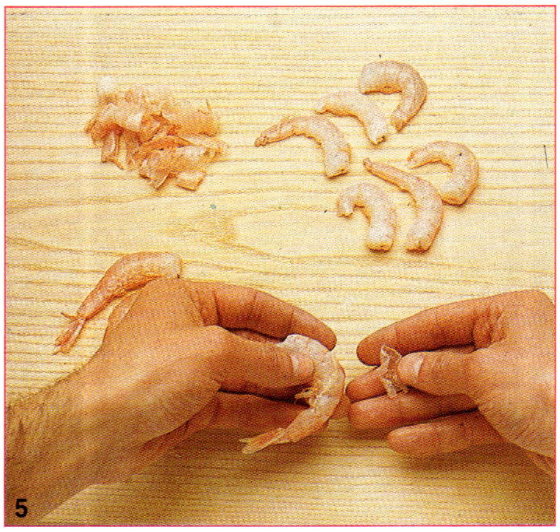

1 Die Kraken langsam mit den Fangarmen voran in sprudelndes Salzwasser gleiten lassen. Zusammen mit der zerkleinerten Selleriestange 8 Minuten kochen.
2 Muscheln und Messerscheiden 1 Stunde unter fließendem Wasser waschen. Abtropfen lassen, in einen Topf geben und mit dem gehackten Knoblauch bestreuen. Zugedeckt bei mittlerer Temperatur 4 Minuten kochen, bis die Schalen sich öffnen. Von den Schalen befreien und in eine Schüssel füllen.
3 Die erkalteten Kraken in kleine Stücke schneiden und zu den Muscheln geben.
4 Krebse in einem kleinen Topf mit wenig Salzwasser 4 Minuten zugedeckt kochen.
5 Schälen und zu den Muscheln und Kraken geben.
6 Die gewaschene und trockengetupfte Petersilie fein hacken und über die Meeresfrüchte streuen. Alles mit Öl, Zitronensaft, Salz und Pfeffer abschmecken. Gut durchmischen und servieren.

Empfohlene Weine
Tokay del Collio, Verdicchio dei Castelli di Jesi (Italien); Chablis (Frankreich); kalifornischer Pinot blanc (USA); Chenin blanc (Südafrika)

Menüvorschlag
▷ Meeresfrüchte-Salat
Aaltorte
Calvados-Sorbet

Waterzooi

Flämische Suppe von Aal und Süßwasserfischen

Zubereitungszeit
1 Stunde und 15 Minuten

1 Aal (500 g)
40 g Butter
1 Zwiebel
Salz, Pfeffer
Muskatblüte
1 Lorbeerblatt
1 Gewürznelke
½ TL abgeriebene Zitronenschale
und Petersilienstengel
2 Barsche (400 g)
2 Forellen (400 g)
Landbrot

Empfohlene Weine
Spumante champenois dell'Oltrepò pavese, Tokay del Collio (Italien); Gewürztraminer d'Alsace (Frankreich); kalifornischer Gewürztraminer (USA); Rhine Riesling (Südafrika)

Menüvorschlag
▷ Waterzooi
Steinbutt vom Grill
Schneebällchen

1 Aal waschen, enthäuten und in 3 cm große Stücke schneiden.
2 40 g Butter in eine Schwenkpfanne geben und die Aalstücke 5 Minuten zusammen mit der kleingeschnittenen Zwiebel anbraten.
3 $1\frac{1}{2}$ l Wasser angießen und zugedeckt 15 Minuten pochieren.
4 Salz, Pfeffer, Muskatblüte, Lorbeer, Gewürznelke, abgeriebene Zitronenschale und Petersilienstengel zufügen und weitere 20 Minuten zugedeckt garen, bis der Aal beinahe zerfällt.
5 Die Aalstücke zusammen mit der Garflüssigkeit durch ein feines Sieb streichen.
6 Forellen und Barsche säubern und filetieren.
7 Das Püree in eine große Pfanne geben, Barsch- und Forellenfilets hineinlegen und ca. 10 Minuten garen, anschließend mit Salz abschmecken.
8 Dünne Brotscheiben mit Butter bestreichen und zu der Suppe reichen.

1

2

3

4

5

6

7

8

Tempura

Japanisches Fritto misto

Zubereitungszeit
2 Stunden

1 kleine Languste
16 Krebse
1 Seezunge, Salz
6 EL Sojasauce
6 EL Sake
2 TL Zucker
2 EL Meerrettich
1 TL Ingwer
4 Jakobsmuscheln
1 grüne Paprikaschote
1 Möhre
16 grüne Bohnen
2 Eier
150 g Weizenmehl
2 dl Öl, Pfeffer

Empfohlene Weine
Spumante champenois dell'Oltrepò pavese, Sauvignon del Collio (Italien); Champagne (Frankreich); kalifornischer Johannisberg Riesling (USA); Fumé blanc (Südafrika)

Menüvorschlag
Lachsmousse
▷ Tempura
Obstsalat mit Gin

1 Langustenfleisch auslösen, Krebse aus den Schalen brechen und säubern, dabei die Schwänze nicht verletzen.

2 Seezunge filetieren. Die Krebsköpfe und den in vier Stücke geteilten Langustenkopf sowie die Fischgräten zusammen mit 2 Schöpfkellen Wasser und etwas Salz in einen kleinen Topf geben. 15 Minuten kochen lassen und dabei reduzieren.

3 Die Kochflüssigkeit durch ein Sieb gießen und abkühlen lassen. Sojasauce, Sake und Zucker gut einrühren und die Sauce in 4 Schälchen verteilen. Unmittelbar vor dem Servieren mit geriebenem Meerrettich und gemahlenem Ingwer bestreuen.

4 Seezungenfilets in Längsstreifen schneiden. Muscheln waschen, säubern und in Scheiben schneiden. Langustenfleisch in dünne Scheiben teilen.

5 Gemüse waschen. Paprikaschote und Möhre fein würfeln, Bohnen putzen und ganz lassen.

6 In einer Schüssel 2 Eigelb mit 1 Schöpfkelle kaltem Wasser gut verquirlen und anschließend das Mehl mit einem Schneebesen einrühren.

7 Meeresfrüchte und Gemüsestückchen durch den Backteig ziehen.

8 Öl in eine große Eisenpfanne geben und portionsweise bei konstanter Temperatur abwechselnd Meeresfrüchte und Gemüse fritieren. Mit Salz und Pfeffer abschmecken und heiß servieren. Die fritierten Stückchen werden vor dem Genuß in die bereitgestellte Sauce getunkt.

1

2

3

4

5

6

7

8

Bouillabaisse

Französische Fischsuppe

Zubereitungszeit
2 Stunden

1,2 kg gemischte Fische (Knurrhahn, Seeschwalbe, Meeraal, Wittling, Petermännchen)
1 Lauchstange, 1 Zwiebel
8 EL Öl
Thymian, Lorbeer, Bohnenkraut, Fenchel, Anis, Safran
Salz und schwarzer Pfeffer
1 Knoblauchzehe
1 reife Tomate
400 g gesäuberte Muscheln
4 Scheiben geröstetes Brot
1 EL Petersilie

1 Fische schuppen, säubern, in große Stücke teilen, dabei Köpfe abtrennen.
2 Fischfumet zubereiten (Seite 181).
3 Lauch und Zwiebel fein hacken. Zusammen mit 5 EL Öl in einen großen Schmortopf geben und 5 Minuten bei milder Hitze andünsten, anschließend Fischstücke hineingeben. Kräuter, Anis, Fenchel, Safran, Salz und Pfeffer zufügen und mit Fischfumet auffüllen.
4 5 Minuten weiterkochen und dann das restliche Öl, die zerdrückte Knoblauchzehe und die gehäutete, entkernte und gehackte Tomate zufügen. Ca. 10 Minuten köcheln lassen.
5 Fischstücke abtropfen lassen und warm stellen. Fischfond durch ein Sieb gießen. Die zuvor 8 Minuten in sprudelndem Wasser gekochten, inzwischen geöffneten und aus den Schalen gehobenen Muscheln hineingeben. Fischbrühe über die gerösteten Brotscheiben gießen, Fischstücke darauf verteilen und mit gehackter Petersilie bestreuen.

Empfohlene Weine
Riesling renano dei Colli Orientali del Friuli, Ischia bianco (Italien); Sancerre (Frankreich); kalifornischer Chardonnay (USA); Pinot Riesling (Australien)

Menüvorschlag
Meeresfrüchte-Salat
▷ Bouillabaisse
Calvados-Sorbet

Fischkraftbrühe mit Reis

Zubereitungszeit
1 Stunde und 20 Minuten

1 Möhre
1 kleine Zwiebel
1 kg Gräten, Fischköpfe und Schwanzstücke (möglichst Seezunge)
1 Kräutersträußchen (Petersilie, Thymian, 1 Lorbeerblatt)
Salz
60 g Reis
2 Eier
Saft von ¾ Zitrone
¼ l Gemüsebrühe
Pfeffer

1 Möhre und Zwiebel in Scheiben schneiden. Zusammen mit den Fischabgängen und dem Kräutersträußchen in einen Topf geben. 1 l Wasser zufügen, salzen und zugedeckt bei mäßiger Hitze 10 Minuten kochen lassen, dabei gelegentlich umrühren.
2 Nochmals 1 l Wasser ergänzen und wieder 20 Minuten köcheln lassen.
3 Durch ein Sieb geben und gut ausdrücken, um die gesamte Flüssigkeit zu erhalten. 15 Minuten durchkochen lassen.
4 Reis hineingeben und in ca. 15 Minuten körnig (»al dente«) garen; das heißt, er muß noch Biß haben.
5 Eier, Zitronensaft und Gemüsebrühe miteinander verquirlen; pfeffern und salzen.
6 Die Mischung zum Fischsud gießen und bei mäßiger Temperatur weitere 3 Minuten köcheln, jedoch nicht aufkochen lassen, dabei immer wieder vorsichtig umrühren.
7 Vom Herd nehmen, zudecken und nach 1 Minute servieren.

Empfohlene Weine
Gavi, Trebbiano di Romagna (Italien); Muscadet (Frankreich); kalifornischer Johannisberg Riesling (USA); Mosel-Riesling (Deutschland)

Menüvorschlag
▷ Fischkraftbrühe mit Reis
Geschmorter Stör
Maronentrüffel

Fisch-Couscous

Zubereitungszeit
2 Stunden und 15 Minuten

1 kg gemischte Fische (Drachenkopf, Petermännchen, Meeräsche, Seeschwalbe, Knurrhahn)
1 Zwiebel
1 Knoblauchzehe
1 reife Tomate
3 dl Öl
1 EL gehackte Petersilie
1 Lorbeerblatt
Salz und Pfeffer
150 g Weizengrieß
1 Prise Muskatnuß
1 Prise Zimt

Empfohlene Weine
Sauvignon del Collio, Regaleali bianco (Italien); Sancerre (Frankreich); kalifornischer Chardonnay (USA); Rhein-Riesling (Deutschland)

Menüvorschlag
Marinierter Hering
⇨ Fisch-Couscous
Zitronenauflauf

1 Fische säubern, ausnehmen, waschen und abtropfen lassen. Zwiebel in feine Scheiben schneiden, Knoblauch hacken. Tomate häuten, entkernen und in Stückchen schneiden.
2 2 dl Öl in einem großen Schmortopf erhitzen. Knoblauch, Petersilie, Lorbeerblatt und Zwiebelscheiben 2 Minuten darin anschwitzen. Zusammen mit der Tomate weitere 2 Minuten schmoren.
3 Fische hineinlegen (die größeren nach unten). Mit 1½ l Wasser auffüllen, salzen und pfeffern und bei mittlerer Hitze 5 Minuten garziehen lassen.
4 Fisch abtropfen lassen und warm stellen. Fischfond durch ein Sieb gießen und ¾ davon in einen Topf umfüllen, der einen Dämpfeinsatz (zur Couscous-Zubereitung) oder notfalls ein Nudelsieb aufnehmen kann.
5 Einsatz bzw. Sieb in den Topf hängen und gut abdichten, damit während des Kochens kein Dampf austritt. Weizengrieß hineingeben, mit 1 dl Öl beträufeln und durchmischen.
6 Deckel auflegen und mit einem Gewicht beschweren. Bei niedriger Hitze 20 Minuten garen, wobei der Couscous die im Dampf enthaltenen Aromen aufnimmt.
7 Weizengrieß in einen kleineren Topf umfüllen, etwas von dem beiseite gestellten warmen Fischfond zufügen und 1 Stunde ruhen lassen. Gelegentlich etwas warmen Fischfond ergänzen und mit einem Holzlöffel umrühren. Durch das Aufsaugen der Flüssigkeit quillt der Grieß allmählich auf.
8 Den Couscous auf eine Platte geben, mit der Garflüssigkeit begießen, mit Pfeffer, Muskatnuß, Zimt und (erforderlichenfalls) Salz abschmecken und durchmischen. Die Fischfilets darüber verteilen.

Paella Valenciana

Zubereitungszeit
1 Stunde und 40 Minuten

½ Zwiebel, 1 Paprikaschote
2 Tomaten, ½ junges Huhn
100 g mageres Schweinefleisch, 8 EL Öl
100 g Salsiccia (italienische Wurst)
1 Knoblauchzehe
½ g gemahlener Piment
Salz und Pfeffer
16 Miesmuscheln
1 Lorbeerblatt
½ l Fleischbrühe
4 Krebse, 130 g Patnareis
100 g Erbsen
1 Briefchen Safran (0,125 g)

Empfohlene Weine
Ribolla dei Colli Orientali del Friuli, Pinot grigio dell'Alto Adige (Italien); Chassagne Montrachet (Frankreich); kalifornischer Chardonnay (USA); Chenin blanc (Südafrika)

Menüvorschlag
Garnelen-Cocktail
▷ Paella Valenciana
Nußeis-Schnitten

1 Zwiebel hacken. Paprikaschote leicht rösten, häuten, entkernen und in Julienne schneiden. Tomaten häuten, entkernen und hacken. Huhn in mundgerechte Stücke teilen und Schweinefleisch würfeln.
2 In einer Pfanne 3 EL Öl erhitzen und Hühner- und Schweinefleisch 10 Minuten anbraten. Herausnehmen und beiseite stellen. Die Wurst mehrmals mit der Gabel einstechen und im gleichen Bratfond 10 Minuten anbräunen. Anschließend zum Fleisch geben.
3 2 EL Öl zum Bratfond fügen und die Zwiebel mit der zerdrückten Knoblauchzehe goldbraun anschwitzen, dann Tomaten und Piment ergänzen. Salzen, pfeffern und 10 Minuten schmoren.
4 Die gesäuberten Muscheln zugedeckt in sprudelndem Wasser 2 Minuten kochen, bis sie sich öffnen.
5 Hühner- und Schweinefleisch, Wurst und das Lorbeerblatt zusammen mit der Fleischbrühe in einen Topf geben und 15 Minuten leise köcheln lassen.
6 Krebse in kochendem Salzwasser 3 Minuten garen.
7 In der »paella«, einer Eisenpfanne, oder in einer großen Schwenkpfanne 3 EL Öl erhitzen und den Reis darin glasig schwitzen, dabei mit einem Holzlöffel umrühren. Nach und nach den Fleischsud sowie die feinstreifig geschnittene Paprikaschote und die Erbsen zufügen und alles ca. 10 Minuten kochen lassen. Safran in etwas lauwarmem Wasser auflösen und unter den Reis mischen.
8 Die übrigen Zutaten zugeben, durchmischen und 5 Minuten in den warmen Ofen stellen.

Fritto misto

Zubereitungszeit
50 Minuten

250 g Meerbarben
400 g kleine Kraken
250 g Garnelen
150 g kleine Fische zum Backen, Salz
100 g Weizenmehl
½ l Öl

1 Fische, Krusten-, Schal- und Weichtiere säubern, waschen und abtropfen lassen.
2 Fangarme der Kraken abschneiden und die Körper in feine Ringe schneiden.
3 Fische salzen und in Mehl wenden.
4 Öl in einer Pfanne erhitzen, bis leichter Rauch aufsteigt. Meerbarben von beiden Seiten 4 Minuten braten, anschließend die Kraken 3 Minuten fritieren.
5 Nun die kleinen Fische 3 Minuten und anschließend die Garnelen 4 Minuten braten.
6 Die verschiedenen Meeresfrüchte jeweils zum Abtropfen auf Küchenkrepp legen und anschließend warm stellen. Das Gericht muß sehr heiß serviert werden.

Empfohlene Weine
Spumante champenois dell'Oltrepò pavese, Vermentino (Italien); Graves blanc (Frankreich); kalifornischer Chardonnay (USA); Pinot Riesling (Australien)

Menüvorschlag
Meerdattelsuppe
▷ Fritto misto
Zabaione

Cioppino

<u>Zubereitungszeit</u>
1 Stunde

400 g gesäuberte Muscheln
1 Languste (400 g)
200 g Garnelen
1 Seebarsch (500 g)
½ dl Öl
½ Zwiebel
1 Knoblauchzehe
½ grüne Paprikaschote
2 reife Tomaten
1 EL Tomatenmark
1 dl Weißwein
Salz und Pfeffer
1 EL gehackte Petersilie

1 Muscheln zugedeckt 3 Minuten kochen. Muschelsud durch ein Sieb gießen, auffangen. Muscheln von den Schalen befreien.
2 Languste 10 Minuten in Salzwasser kochen. Abkühlen lassen, aus der Schale lösen und das Fleisch in kleine Stücke schneiden.
3 Garnelen schälen, Köpfe zerschlagen und 10 Minuten in 4 dl Wasser kochen; anschließend durchseihen.
4 Seebarsch schuppen, säubern, filetieren und in Stücke teilen.
5 In einer Schwenkpfanne das Öl erhitzen. Zwiebel, gehackten Knoblauch und Paprikastücke 4 Minuten darin andünsten. Tomaten, Tomatenmark, Wein, Muschelsud und Kochflüssigkeit der Garnelenköpfe zufügen, salzen und pfeffern. Sprudelnd aufkochen lassen, anschließend Hitze reduzieren und zugedeckt 10 Minuten köcheln lassen.
6 Seebarsch hineingeben, zudecken und 10 Minuten garziehen. Zusammen mit den Garnelen weitere 3 Minuten kochen. Languste, Muscheln und Petersilie zufügen und den Garvorgang nach 2 Minuten beenden.

<u>Empfohlene Weine</u>
Terlano dell'Alto Adige, Vermentino (Italien); Sancerre (Frankreich); kalifornischer Gewürztraminer (USA); Rhein-Silvaner (Deutschland)

<u>Menüvorschlag</u>
Sardinen in »saòr«
▷ Cioppino
Damenküßchen

Seefische

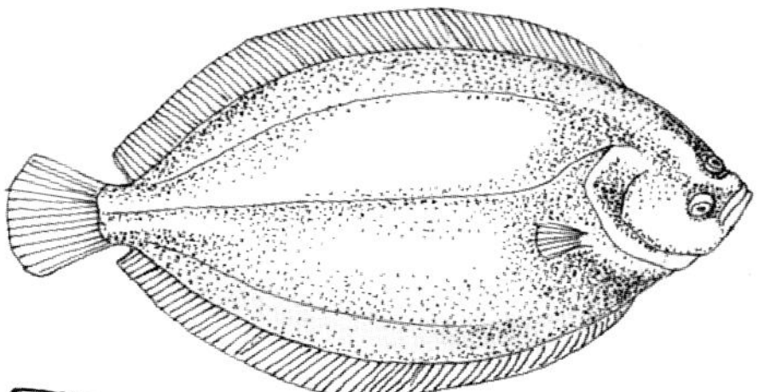

Solea vulgaris
Sogliola
Sole
Sole
Seezunge

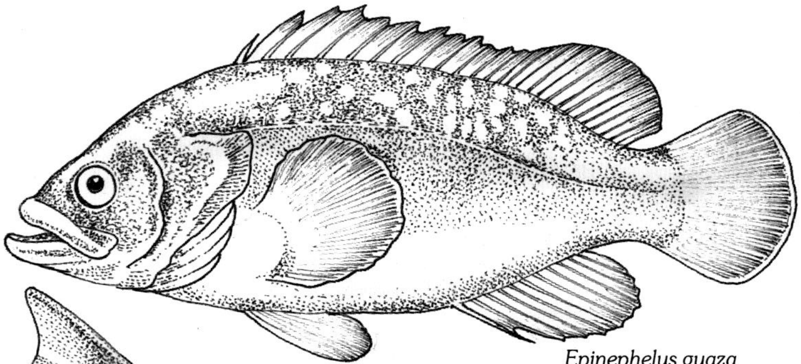

Epinephelus guaza
Cernia
Mérou
Dusky Perch
Brauner Zackenbarsch

Mustelus mustelus
Palombo
Émissole
Smooth hound
Glatthai

Umbrina cirrosa
Ombrina
Ombrine
Corb
Schattenfisch

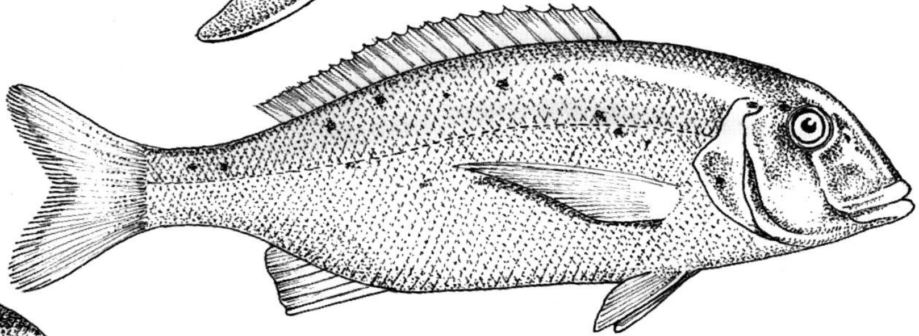

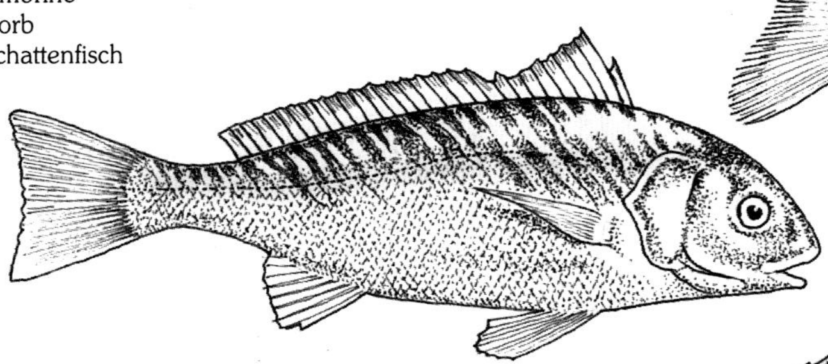

Dentex vulgaris
Dentice
Denté
Four-toothed Sparus
Zahnbrassen

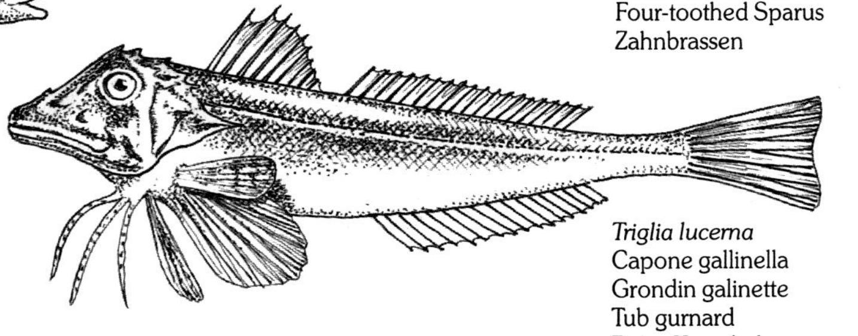

Triglia lucerna
Capone gallinella
Grondin galinette
Tub gurnard
Roter Knurrhahn

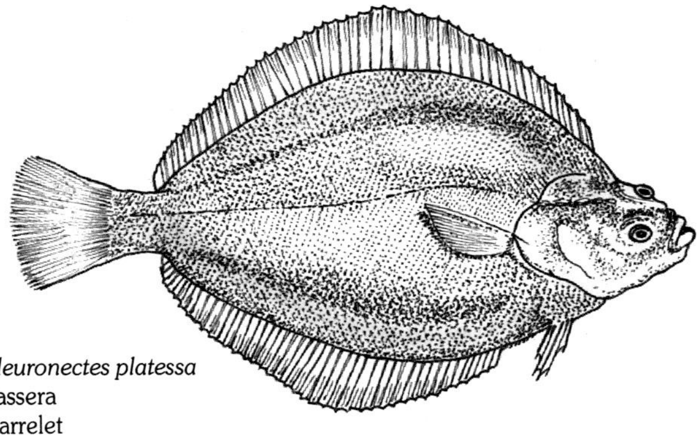

Pleuronectes platessa
Passera
Carrelet
Plaice
Scholle

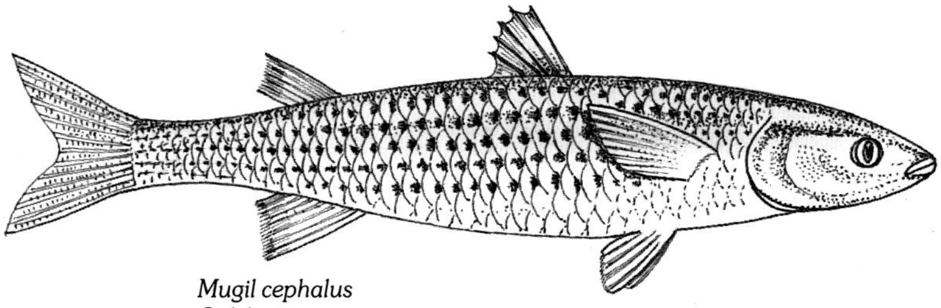

Mugil cephalus
Cefalo
Mulet
Grey mullet
Großköpfige Meeräsche

Petromyzon marinus
Lampreda di mare
Lamproie marine
Sea lamprey
Meerneunauge

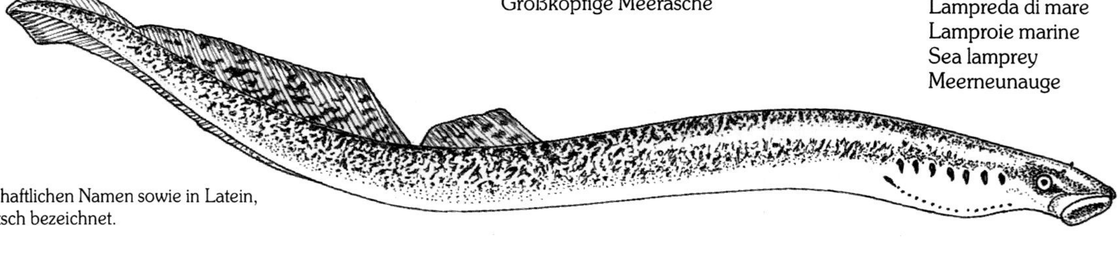

Die Fische sind nacheinander mit wissenschaftlichen Namen sowie in Latein, Italienisch, Französisch, Englisch und Deutsch bezeichnet.

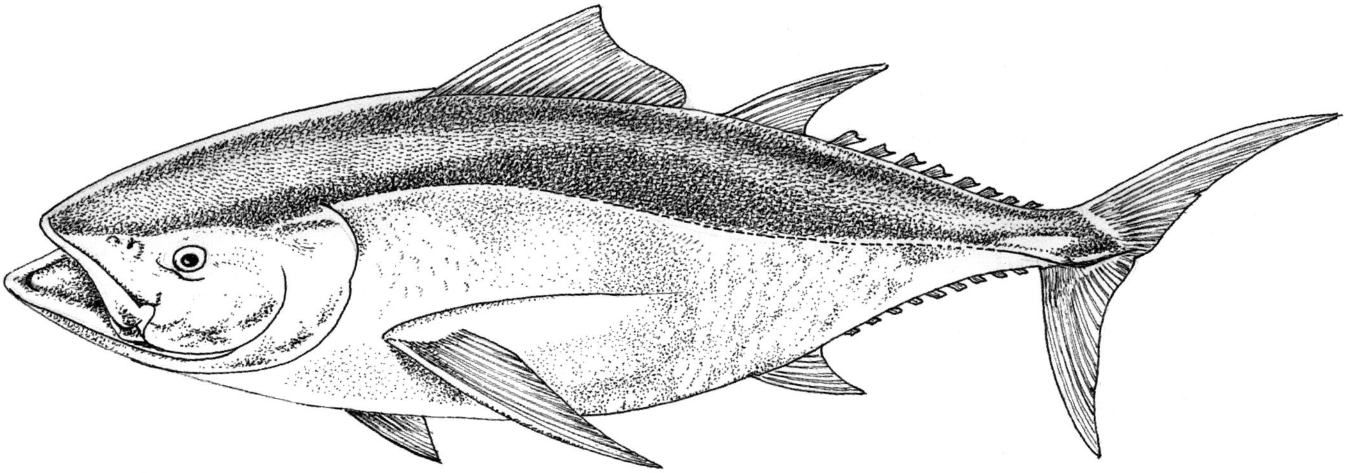

Thunnus thynnus
Tonno
Thon rouge
Tunny
Thunfisch

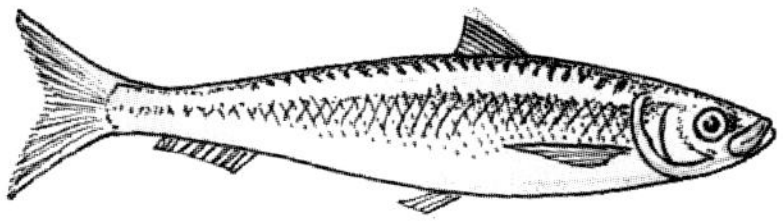

Clupea pilchardus
Sardina
Sardine
Sardine
Sardine

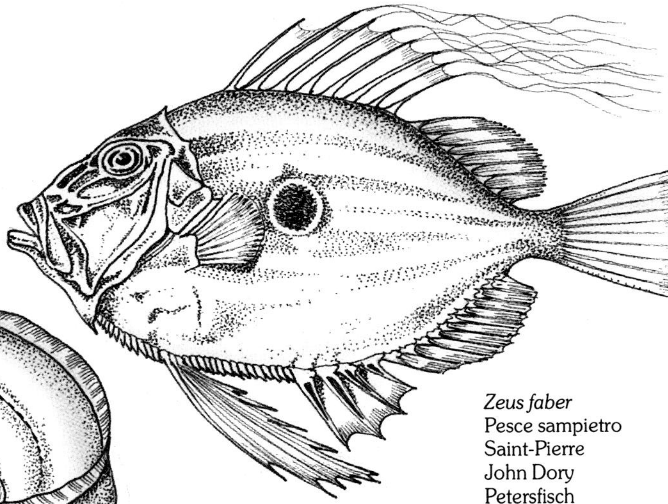

Zeus faber
Pesce sampietro
Saint-Pierre
John Dory
Petersfisch

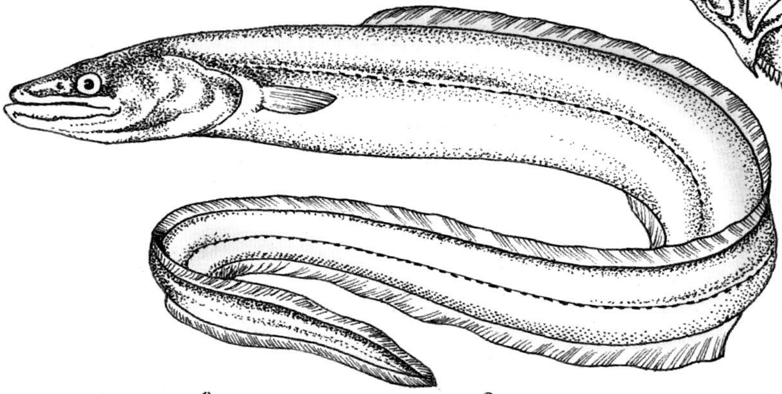

Conger conger
Grongo
Anguille de mer
Conger eel
Meeraal

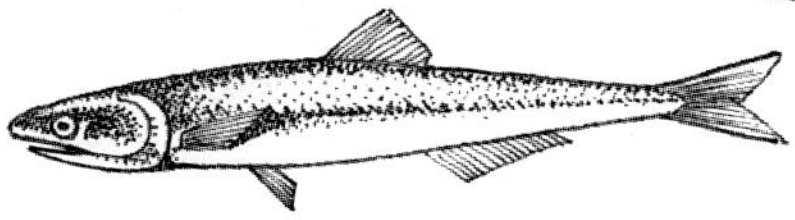

Engraulis encrasicholus
Acciuga
Anchois
Anchovy
Sardelle

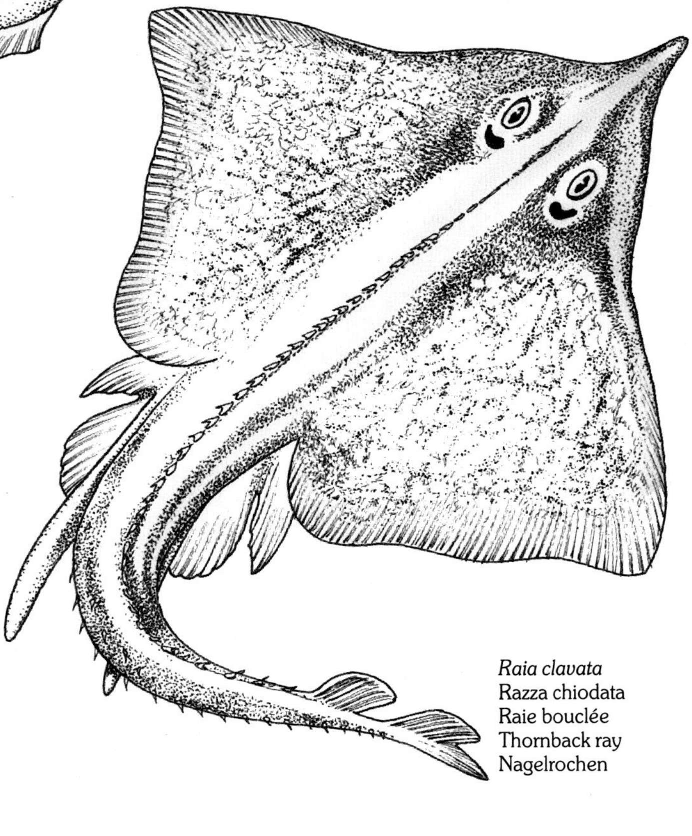

Raia clavata
Razza chiodata
Raie bouclée
Thornback ray
Nagelrochen

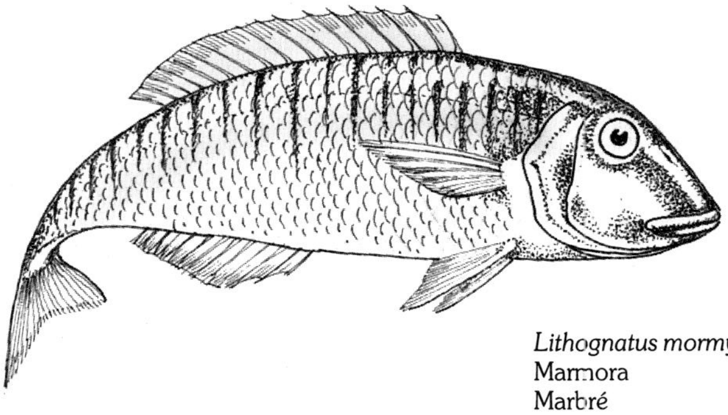

Lithognatus mormyrus
Marmora
Marbré
Striped bream
Marmorbrassen

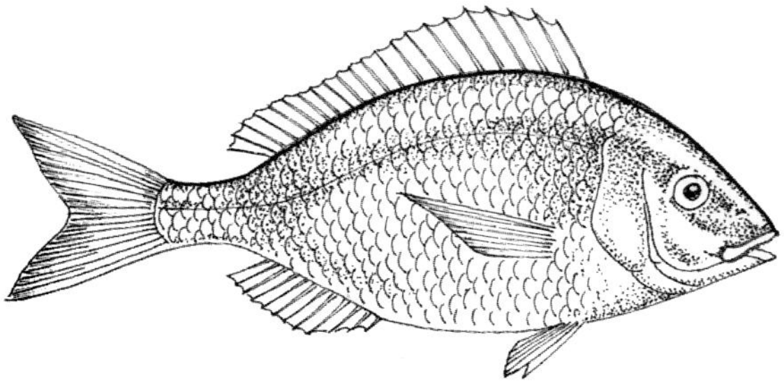

Pagellus erythrinus
Pagello fragolino
Pageau
Becher
Kleiner Rotbrassen

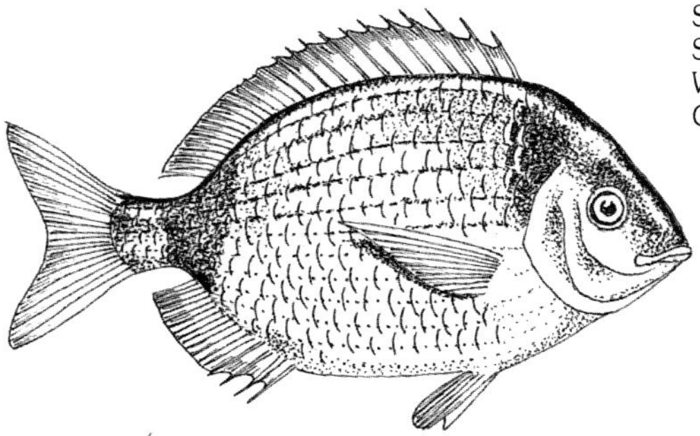

Displodus sargus
Sarago
Sar commun
White bream
Großer Geissbrassen

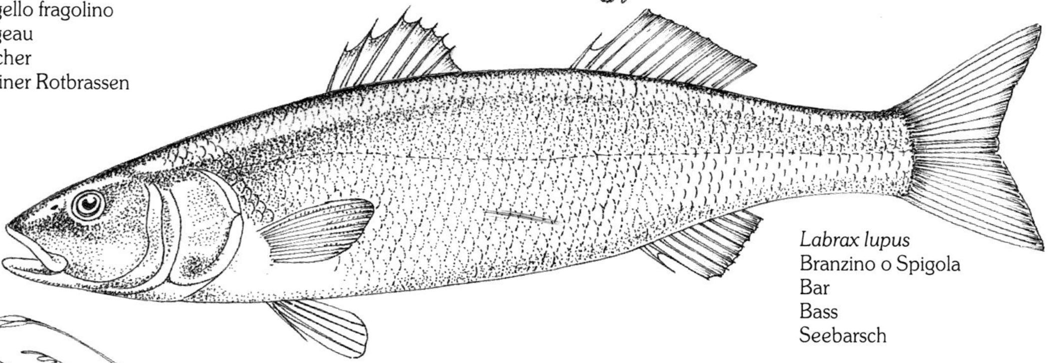

Labrax lupus
Branzino o Spigola
Bar
Bass
Seebarsch

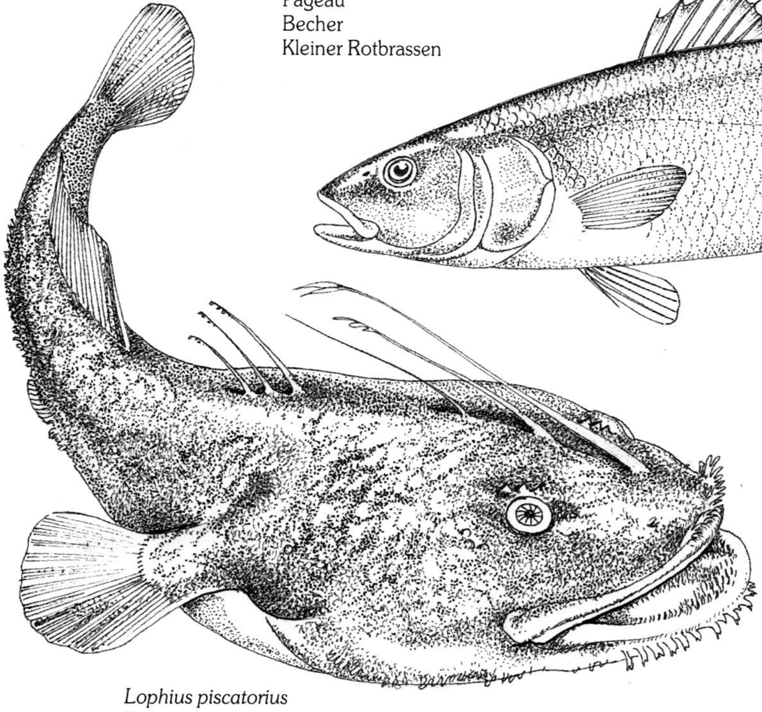

Lophius piscatorius
Rana pescatrice
Baudroie
Angler
Seeteufel

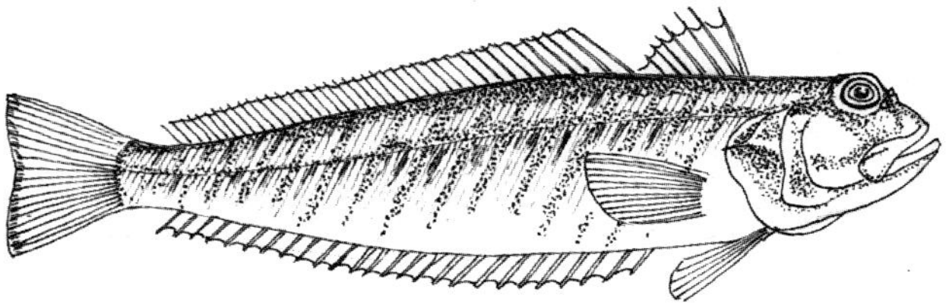

Trachinus dracho
Tracina drago
Dragon de mer
Weever
Petermännchen

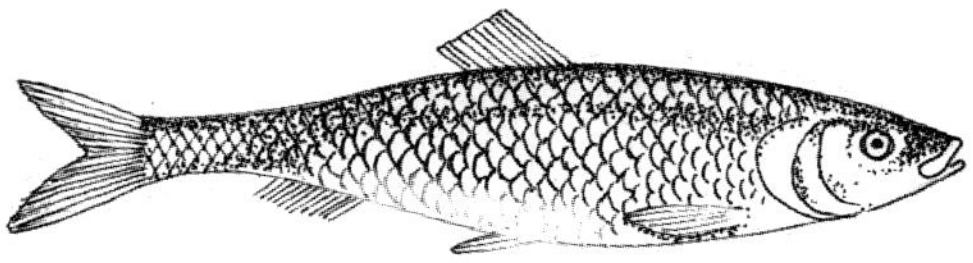

Clupea harengus
Aringa
Hareng
Herring
Hering

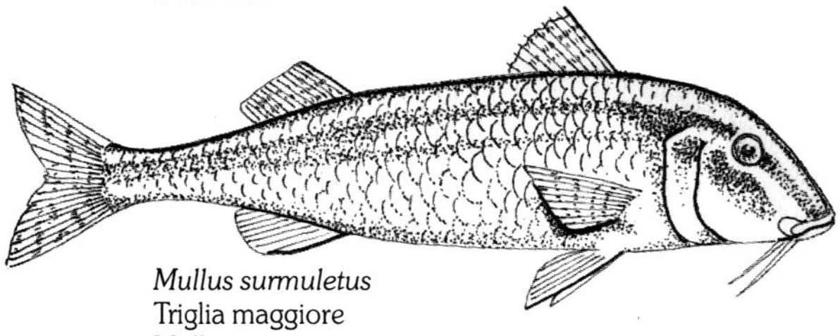

Mullus surmuletus
Triglia maggiore
Mulle rouget
Red mullet
Gestreifte Meerbarbe

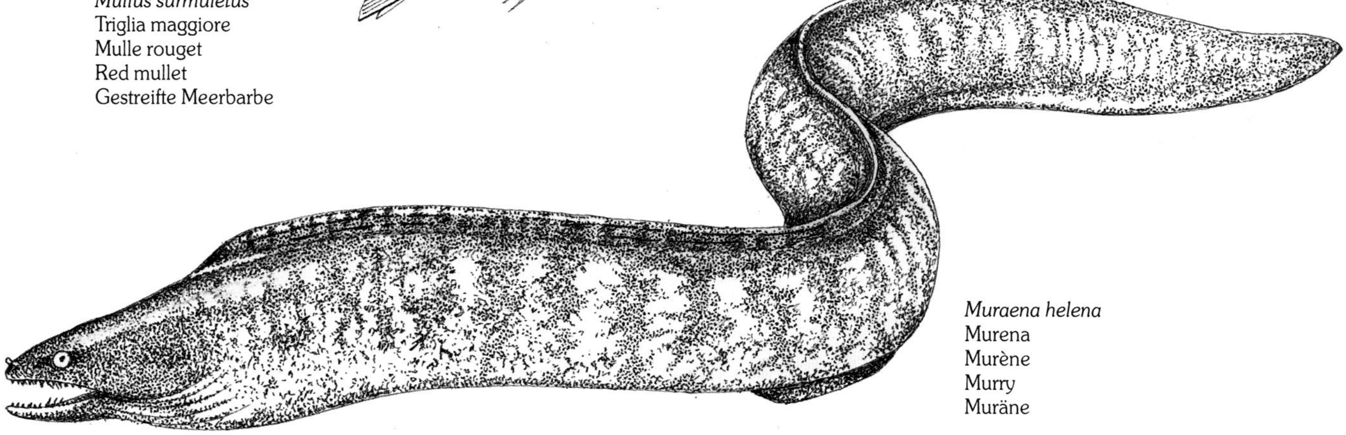

Muraena helena
Murena
Murène
Murry
Muräne

Xiphias gladius
Pesce spada
Espadon
Swordfish
Schwertfisch

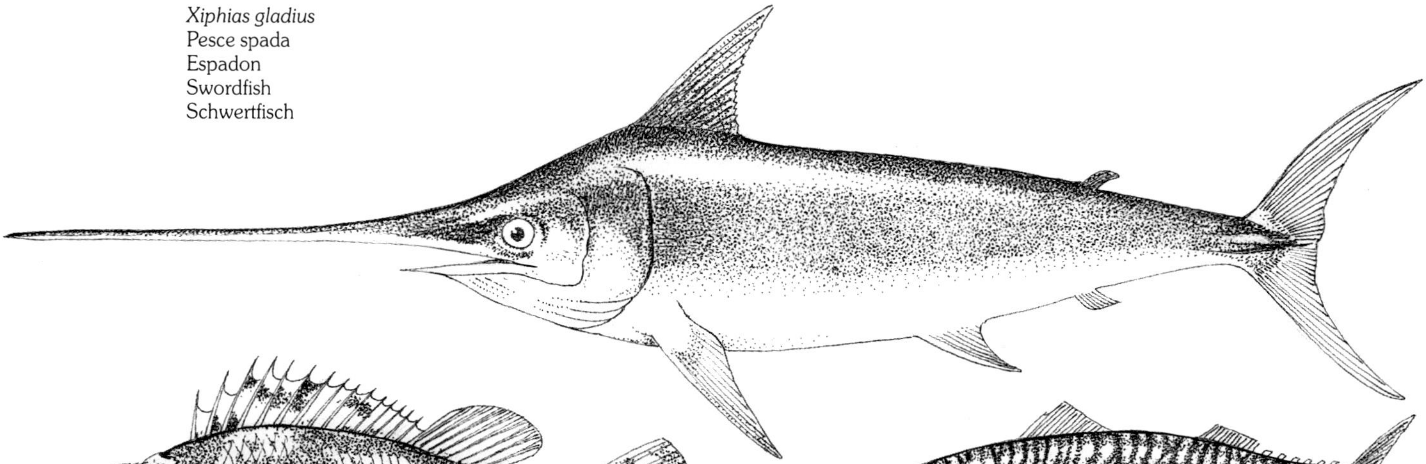

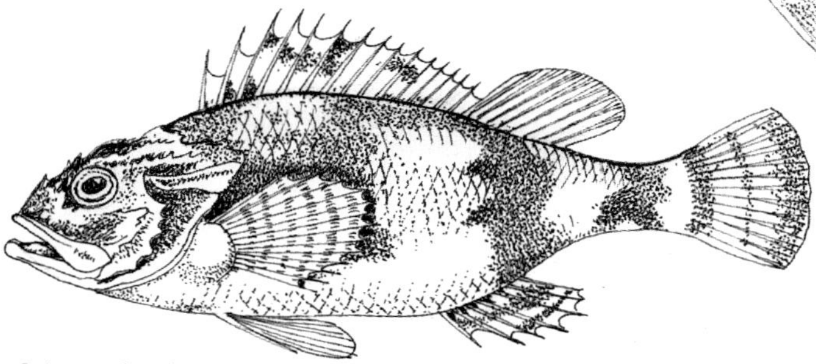

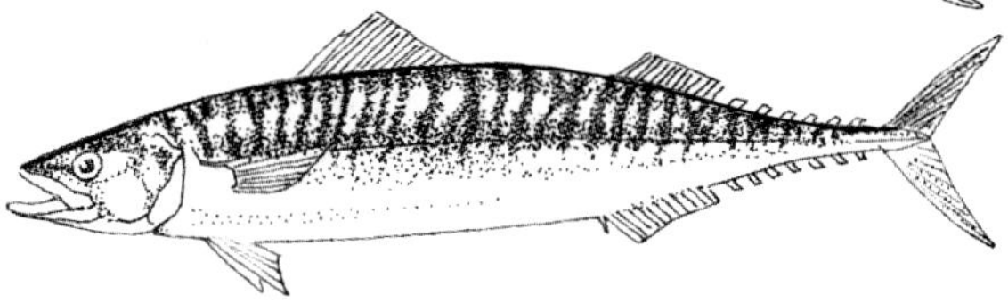

Scomber scombrus
Sgombro
Maquereau
Mackerel
Makrele

Sebastes dactylopterus
Scorfano
Rascasse
Rosefish
Drachenkopf

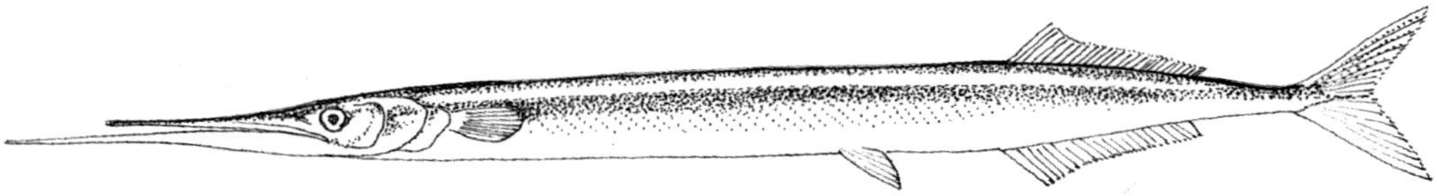

Belone belone
Aguglia
Aiguille
Garfish
Hornhecht

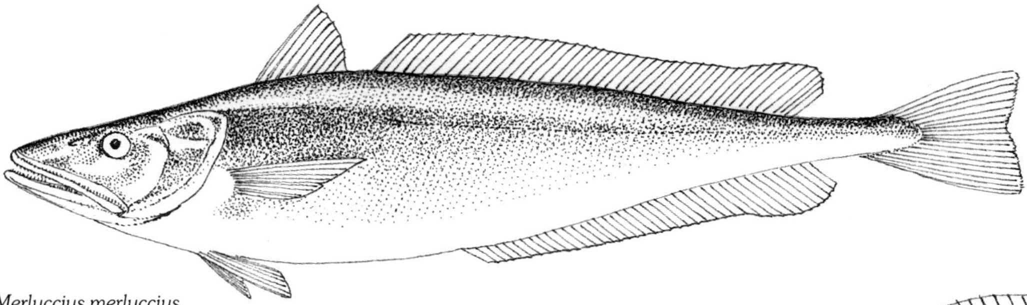

Merluccius merluccius
Nasello
Colin
Hake
Hechtdorsch

Chrysophrys aurata
Orata
Daurade
Gilt-poll
Goldbrassen

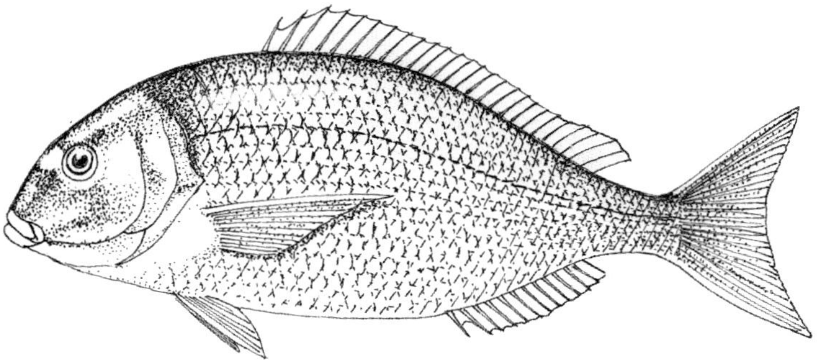

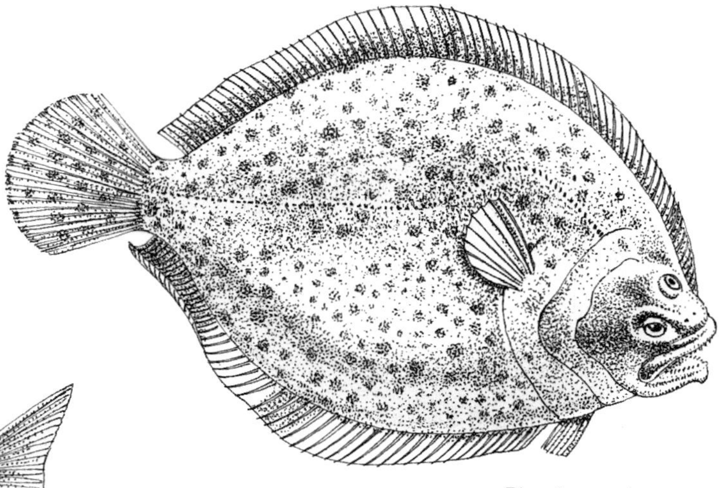

Rhombus maximus
Rombo
Turbot
Turbot
Steinbutt

Rochen in gebräunter Butter

Zubereitungszeit
1 Stunde
(plus 2 Stunden zum Wässern des Rochens)

1 Rochen (1,2 kg)
Salz
1 Zwiebel, 1 Möhre
4 Petersilienstengel
5 EL Weinessig
10 Pfefferkörner
1 Lorbeerblatt
Pfeffer
1 EL gehackte Petersilie
2 EL Kapern
80 g Butter
junge Salzkartoffeln als Beilage

Empfohlene Weine
Pinot champenois di Franciacorta, Pinot bianco del Collio (Italien); Champagne (Frankreich); kalifornischer Blanc de Blancs (USA); Blanc fumé (Südafrika)

Menüvorschlag
Nizzaer Salat
▷ Rochen in gebräunter Butter
Zabaione

1 Den Rochen vom Fischhändler säubern und enthäuten lassen. Unter fließendem Wasser waschen und 2 Stunden in Salzwasser legen.
2 Zwiebel und Möhre in Scheiben schneiden.
3 Rochen in vier Stücke teilen.
4 Den Fisch zusammen mit der Zwiebel und Karotte, Petersilienstengeln, 3 EL Essig, Salz, Pfefferkörnern und dem Lorbeerblatt in einen Topf geben und mit kaltem Wasser bedecken. Zum Kochen bringen und bei mäßiger Hitze 15 Minuten leise köcheln lassen.
5 Die Fischstücke abtropfen lassen und auf einer Platte arrangieren.
6 Mit Salz, Pfeffer, Petersilie und zerdrückten Kapern bestreuen. Warm stellen.
7 Die Butter in einem kleinen Topf bei starker Hitze schmelzen und anbräunen, jedoch nicht anbrennen lassen. Anschließend über den Rochen gießen. Im gleichen Topf 2 EL Essig erhitzen und über den Fisch verteilen. Mit in Butter und Petersilie geschwenkten jungen Kartoffeln sofort servieren.

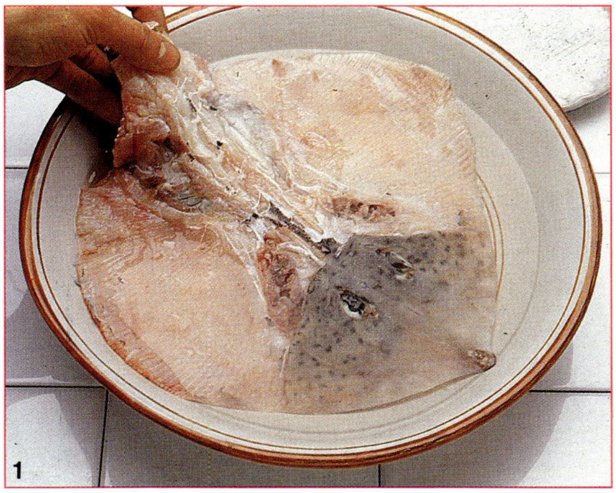
1

2

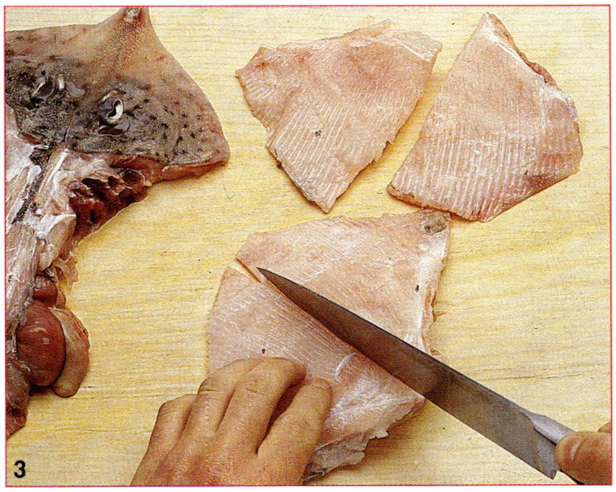
3

4

5

6

7

Marinierter Hering

Zubereitungszeit
40 Minuten
(plus 12 Stunden zum Marinieren)

2 kleine Möhren
1 kleine Zwiebel
3 dl Weißwein
2 dl Weinessig
2 Lorbeerblätter
2 Thymianzweige
6 weiße Pfefferkörner
3 Gewürznelken
Salz
800 g frische Heringe
1 EL gehackte Petersilie

1 Die Marinade zubereiten: Möhren und Zwiebel in feine Scheiben schneiden. Zusammen mit dem Wein, Essig, 1 Lorbeerblatt, 1 Thymianzweig, den Pfefferkörnern und Gewürznelken sowie einer Prise Salz in einen Topf geben. Aufwallen lassen und anschließend bei niedriger Hitze 10 Minuten kochen lassen.
2 Heringe säubern, schuppen und von den Flossen befreien. Waschen und abtrocknen.
3 Die Fische in eine feuerfeste Form legen und mit der Petersilie und 1 zerriebenen Lorbeerblatt bestreuen, den zweiten Thymianzweig darauflegen.
4 Die Marinade über die Heringe gießen und bei mäßiger Hitze 5 Minuten ziehen lassen.
5 Abkühlen lassen, anschließend zudecken und 12 Stunden kalt stellen.
6 Mindestens 2 Stunden vor dem Servieren aus dem Kühlschrank nehmen.

Empfohlene Weine
Terlano dell'Alto Adige, Greco di Tufo (Italien); Meursault (Frankreich); kalifornischer Gewürztraminer (USA); Chenin blanc (Neuseeland)

Menüvorschlag
➪ Marinierter Hering
Rochen in gebräunter Butter
Damenküßchen

Heringssalat

Zubereitungszeit
1 Stunde
(plus 24 Stunden zum Wässern)

4 Salzheringe, 2 Kartoffeln
2 rote Rüben, 1 saurer Apfel
1 Gurke
100 g gekochtes Kalbfleisch
½ Zwiebel, 2 EL Weinessig
Pfeffer
3 hartgekochte Eier
½ EL Senf, Salz
2 EL Öl
3 EL Sahne
1 EL gehackter Dill
hartgekochte Eier und grüner Salat als Garnitur

1 Heringe 24 Stunden in Wasser legen, das häufig ausgewechselt wird.
2 Kartoffeln und rote Rüben kochen und in kleine Würfel schneiden. Apfel, Gurke und Kalbfleisch genauso zerkleinern. Zwiebel hacken. Heringe von den Köpfen befreien, längs teilen, entgräten und häuten, anschließend würfeln.
3 Sämtliche Zutaten in eine Salatschüssel geben, mit 1 EL Essig anmachen und pfeffern.
4 Die 3 harten Eigelb durch ein feines Drahtsieb streichen und in einer Schüssel mit 1 EL Essig, Senf und einer Prise Salz mischen. Nun das Öl nach und nach zufügen. Zuletzt die Sahne ergänzen.
5 Die Mischung über den Heringssalat geben, vorsichtig durchmischen und mit gehacktem Dill bestreuen. Zugedeckt 3 Stunden in den Kühlschrank stellen. Vor dem Servieren mit Eivierteln und Salat garnieren.

Empfohlene Weine
Pinot champenois di Franciacorta, Pinot grigio dell'Alto Adige (Italien); Chassagne Montrachet (Frankreich); kalifornischer Gewürztraminer (USA); Rhein-Silvaner (Deutschland)

Menüvorschlag
➪ Heringssalat
Venusmuschelsuppe Manhattan
Gratinierte Walderdbeeren

Rollmops

<u>Zubereitungszeit</u>
1 Stunde
(plus 4 Stunden zum Wässern und 3 Tage zum Marinieren)

4 frische Heringe
60 g Salz
3 dl Weißweinessig
1 Lorbeerblatt
8 schwarze Pfefferkörner
1 TL Koriander, Wacholderbeeren und Dill, gemischt
2 Zwiebeln
2 Essiggurken
Roggenbrot
Butter

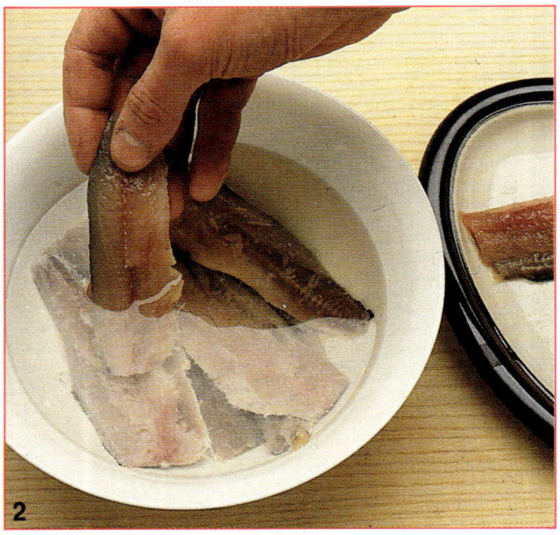

1 Heringe von Köpfen und Schwänzen befreien, öffnen, ausnehmen, entgräten und säubern.
2 ½ l Wasser zusammen mit dem Salz in eine Schüssel geben und die Heringe mindestens 4 Stunden darin wässern, dabei alle 30 Minuten wenden. Abtropfen lassen und trockentupfen.
3 Essig in einem Topf zum Kochen bringen. Lorbeer, Pfefferkörner, Koriander, Wacholderbeeren und Dill hinzugeben. Gut durchkochen. Vom Herd nehmen und abkühlen lassen.
4 Zwiebeln und Gurken in Scheiben schneiden. Die Heringsfilets jeweils um eine Zwiebel- und Gurkenscheibe rollen.
5 Die Röllchen in ein Glas- oder Steingutgefäß legen, die restlichen Zwiebel- und Gurkenscheiben dazwischen verteilen. Mit der Essigmarinade begießen. Zugedeckt 3–4 Tage an einen kühlen Ort stellen.
6 Marinade abgießen und rohe Zwiebelscheiben zufügen. Die Heringe mit Roggenbrotscheiben und Butter servieren.

<u>Empfohlene Weine</u>
Pinot grigio dell'Alto Adige, Regaleali bianco (Italien); Bourgogne blanc (Frankreich); kalifornischer Pinot blanc (USA); Chardonnay (Australien)

<u>Menüvorschlag</u>
▷ Rollmops
Tintenfisch mit Erbsen
Aprikosenauflauf mit Himbeersauce

Tarama salato

Meeräschen-Rogen auf griechische Art

Zubereitungszeit
20 Minuten
(plus 2 Stunden zum Entsalzen des »Tarama« und 2 Stunden zum Kühlstellen)

100 g Meeräschen-Rogen
40 g Weißbrot
1 Frühlingszwiebel
1 Eigelb
1 dl Öl
Saft von ½ Zitrone
Salz
schwarze Oliven als Garnitur
geröstetes Weißbrot als Beilage

1 Den »Tarama« zum Entsalzen 2 Stunden in Wasser geben.
2 Entrindete Brotscheiben in Wasser einweichen.
3 Das ausgedrückte Brot, die Frühlingszwiebel, das Eigelb und 3 EL Öl in der Küchenmaschine gut mischen. Nach und nach den »Tamara« und das restliche Öl zufügen und weiterrühren. Zuletzt den Zitronensaft hineingeben.
4 Die Mischung in eine Schüssel füllen, erforderlichenfalls salzen und 2 Stunden in den Kühlschrank stellen.
5 Tarama salato auf einem Teller anrichten und mit schwarzen Oliven garnieren. Als Beilage geröstete Weißbrotscheiben dazu servieren.

Empfohlene Weine
Spumante champenois del Trentino, Vernaccia di San Gimignano (Italien); Meursault (Frankreich); kalifornischer Chardonnay (USA); Chenin blanc (Australien)

Menüvorschlag
▷ Tarama salato
Geschmorter Meeraal Braganzer Art
Champagner-Erdbeeren

Riba flambé auf bulgarische Art

Flambierte Meeräsche

Zubereitungszeit
40 Minuten

2 Meeräschen (à 500 g)
Salz und Pfeffer
2 EL frischer Dill
2 EL gehackte Petersilie
1 dl Brandy

1 Fische schuppen, waschen und gut trockentupfen.
2 Mit Salz und Pfeffer bestreuen.
3 Dill hacken und mit der Petersilie vermischen.
4 Die Fische ca. 20 Minuten auf dem Grill garen, dabei häufig wenden.
5 Nebeneinander in eine feuerfeste Form legen und mit den gehackten Kräutern bestreuen.
6 Den Brandy erhitzen, über die Fische gießen und anzünden. Noch brennend servieren.

Empfohlene Weine
Corvo di Salaparuta, Frascati (Italien); Pouilly Fuissé (Frankreich); kalifornischer Pinot blanc (USA); Mosel-Riesling (Deutschland)

Menüvorschlag
Maccheroncini mit Sardinen
▷ Riba flambé auf bulgarische Art
Mandel-Anis-Plätzchen

Pompano en papillote

Gebratener Fisch aus Florida

Zubereitungszeit
1 Stunde

2 Pompanos (1 kg)
4 dl Fischfumet (Seite 181)
5 cl trockener Weißwein
200 g Garnelen
80 g Butter
1 EL Petersilie
2 Frühlingszwiebeln
40 g Mehl
Cayennepfeffer
20 g Sahne
200 g gekochtes Krabbenfleisch
Salz

Empfohlene Weine
Torgiano bianco, Ischia bianco (Italien); Pinot d'Alsace (Frankreich); kalifornischer Chenin blanc (USA); Rhein-Silvaner (Deutschland)

Menüvorschlag
Meeresfrüchte-Salat
➪ Pompano en papillote
Maronentrüffel

1 Fische filetieren, waschen und trockentupfen.
2 Einen Brattopf ausfetten, die Fischfilets hineinlegen und mit 2 dl Fischfumet und dem Wein begießen. 5 Minuten bei 180 °C dünsten.
3 Garnelen schälen, entdarmen, waschen und trockentupfen.
4 In einer Pfanne 30 g Butter zerlassen. Garnelen 3 Minuten darin garen, anschließend mit gehackter Petersilie bestreuen.
5 30 g Butter in einem Topf zerlassen und die gehackten Zwiebeln 5 Minuten anschwitzen. Mehl 1 Minute lang mit einem Schneebesen einrühren.
6 Mit 2 EL Fischfumet ablöschen, aufkochen lassen, Hitze reduzieren und 3 Minuten köcheln lassen. Cayennepfeffer, Salz und Sahne zugeben.
7 Aus Aluminiumfolie 8 herzförmige Stücke ausschneiden, 4 davon beiseite legen, die anderen mit weicher Butter bestreichen. Jeweils mit 1 Fischfilet, 50 g Garnelen und 50 g Krabbenfleisch belegen.
8 Mit der Sauce bedecken, die anderen Folienstücke darüberlegen und die Ränder gut verschließen. Die »papillotes« auf ein eingebuttertes Backblech legen. 8 Minuten bei 200 °C backen und sofort servieren.

1

2

3

4

5

6

7

8

Normannische Seezungenschnitten

Zubereitungszeit
50 Minuten
(plus 2 Stunden zum Wässern der Muscheln)

500 g gesäuberte Muscheln
100 g Garnelen
3 dl Fischfumet (Seite 181)
150 g Champignons
60 g Butter
500 g Seezungenfilets
Salz und Pfeffer
2 dl Weißwein
20 g Weizenmehl
3 Eigelb
Saft von 1 Zitrone

1 Muscheln zugedeckt 3 Minuten kochen. Aus den Schalen lösen, Muschelsud durch ein Sieb gießen. Garnelen 4 Minuten in 1 dl Fischfumet garen. Schälen, die Schalen wieder in die Fischbrühe geben und weitere 5 Minuten kochen. Die Flüssigkeit durchseihen.
2 Pilze waschen und in Scheiben schneiden. In 15 g Butter 10 Minuten dünsten.
3 Fischfilets in eine ausgebutterte Backform legen, salzen, pfeffern und mit 2 dl Wein und 1 dl Fischbrühe begießen. Mit eingefettetem Pergamentpapier bedecken und bei 170 °C 8 Minuten pochieren.
4 Muschel-, Garnelensud und Kochflüssigkeit der Fischfilets mit der restlichen Fischbrühe vermischen und alles einkochen lassen.
5 30 g Butter zerlassen, Mehl einrühren und 1 Minute anschwitzen. Zusammen mit dem Fischfumet weitere 3 Minuten kochen. Die Eigelb verquirlen und die Sauce damit legieren. Vom Herd nehmen und 15 g Butter sowie den Zitronensaft einrühren.
6 Fischfilets in eine feuerfeste Form legen. Pilze, Muscheln und Garnelen um den Fisch arrangieren. Mit der Sauce überziehen und 5 Minuten bei 200 °C in den Ofen schieben.

Empfohlene Weine
Spumante champenois dell'Oltrepò pavese, Terlano dell'Alto Adige (Italien); Champagne (Frankreich); kalifornischer Sauvignon blanc (USA); Mosel-Riesling (Deutschland)

Menüvorschlag
Jakobsmuscheln in Riesling
▷ Normannische Seezungenschnitten
Mandel-Anis-Plätzchen

Seezungenschnitten Saint-Germain

Zubereitungszeit
1 Stunde

400 g junge Kartoffeln
120 g geklärte Butter
(Seite 181)
Salz
800 g Seezungenfilets
100 g Paniermehl
Pfeffer
Béarner Sauce
(Seite 182)

1 Kartoffeln fein würfeln.
2 60 g Butter in einer Pfanne zerlassen und klären. Kartoffelwürfel knusprig braten, abtropfen lassen, salzen und warm stellen.
3 Seezungenfilets salzen und mit 60 g geklärter Butter bestreichen. Anschließend in Paniermehl wenden, das zugleich behutsam angedrückt wird.
4 Fischfilets auf einen Bratrost legen und bei mäßiger Temperatur 4 Minuten auf jeder Seite grillen. Gegen Ende des Garvorgangs pfeffern.
5 Auf einer vorgewärmten Platte zusammen mit den Kartoffeln anrichten.
6 Mit im Wasserbad erwärmter Béarner Sauce servieren.

Empfohlene Weine
Silvaner dell'Alto Adige, Frascati (Italien); Pinot d'Alsace (Frankreich); kalifornischer Pinot blanc (USA); Sauvignon blanc (Südafrika)

Menüvorschlag
Venusmuschel-Bällchen
▷ Seezungenschnitten Saint-Germain
Birnentorte

Seviche

Seezungenfilets auf peruanische Art

Zubereitungszeit
40 Minuten
(plus 4 Stunden zum Marinieren)

600 g Seezungenfilets
Saft von 1 Zitrone
½ Zwiebel
1 Knoblauchzehe
2 TL Koriandergrün (chinesische Petersilie)
1 reife Tomate
1 TL Chilipulver
2 EL Öl, Salz

1 Fischfilets auf einen Teller legen, mit dem Zitronensaft beträufeln und 4 Stunden in den Kühlschrank stellen. Auf diese Art wird das Fleisch weiß und fest.
2 Zwiebel, Knoblauch und Koriandergrün sehr fein hacken.
3 Tomate enthäuten, entkernen und fein würfeln.
4 Zwiebel, Knoblauch, Koriandergrün, Tomate, Chilipulver und Öl in einer Schüssel mischen.
5 Zitronensaft von den Fischfilets abgießen und auffangen. Den Fisch in Stücke teilen und ansprechend in einer Schüssel arrangieren.
6 Salzen und die restlichen Zutaten zufügen. Sollte der Fisch nicht sauer genug sein, 2 EL Zitronensaft ergänzen.

Empfohlene Weine
Gavi, Frascati (Italien);
Chablis (Frankreich);
kalifornischer Chenin blanc (USA);
Rhein-Riesling (Deutschland)

Menüvorschlag
▷ Seviche
Steinbutt vom Grill
Himbeer-Zabaione

Seezunge in Anissauce

Zubereitungszeit
20 Minuten

800 g Seezungenfilets
2 EL Weizenmehl
6 EL Öl
2 Schalotten
1 Knoblauchzehe
1 TL Anissamen
1 kleine rote Pfefferschote
2 EL Essig
1 TL Zucker
1 Sardelle bzw.
1 EL Sardellenpaste, Salz

1 Seezungenfilets in mundgerechte Stücke schneiden.
2 Mit Mehl bestäuben und in eine Schwenkpfanne mit heißem Öl geben. Bei mäßiger Hitze 4 Minuten schmoren.
3 Schalotten und Knoblauch fein würfeln.
4 Anissamen und Pfefferschote sehr fein zerkleinern.
5 Fisch herausnehmen und warm stellen. Schalotten und Knoblauch in der gleichen Pfanne 2 Minuten dünsten. Essig, Zucker, Anis, Pfefferschote und einige EL Wasser dazufügen und weitere 2 Minuten kochen lassen.
6 Sardelle fein hacken und zu der Mischung geben. 5 Minuten weiterkochen, mit Salz abschmecken, Fisch hineingeben und den Garvorgang vollenden.

Empfohlene Weine
Vernaccia di San Gimignano, Silvaner dell'Alto Adige (Italien); Sancerre (Frankreich); kalifornischer Gewürztraminer (USA); Rhine Riesling (Südafrika)

Menüvorschlag
Jakobsmuscheln in Riesling
▷ Seezunge in Anissauce
Zitronenbaisertorte

Seezunge Müllerin-Art

Zubereitungszeit
20 Minuten

4 Seezungen (1 kg)
2 EL Mehl
60 g Butter
Salz
1 EL Zitronensaft
1 EL gehackte Petersilie

1 Seezungen säubern, schwarze Haut abziehen und weiße Haut schuppen.
2 Fisch in Mehl wenden. In einer Schwenkpfanne 30 g Butter zerlassen und die Seezungen hineingeben.
3 Bei mäßiger Temperatur ca. 6–7 Minuten braten, dabei wenden. Anschließend salzen.
4 Die fertig gegarten Seezungen auf eine vorgewärmte Platte legen, mit etwas Zitronensaft beträufeln und mit der feingehackten Petersilie bestreuen.
5 Weitere 30 g Butter zum Bratfond der Seezungen geben und auf lebhaftem Feuer leicht anbräunen. Über die Seezungen verteilen, wo sie zu schäumen beginnt. Sofort servieren.

Empfohlene Weine
Gavi, Pinot grigio dell'Alto Adige (Italien);
Chablis (Frankreich);
kalifornischer Chenin blanc (USA);
Chardonnay (Australien)

Menüvorschlag
Garnelen-Risotto
▷ Seezunge Müllerin-Art
Aprikosenauflauf

Seezunge à la Parma

<u>Zubereitungszeit</u>
30 Minuten

4 Seezungen (1 kg)
2 EL Weizenmehl
3 EL Öl
Salz
2 EL Paniermehl
3 EL geriebener Parmesan
40 g Butter

1 Seezungen säubern. Die schwarze Haut abziehen, die weiße Haut schuppen.
2 Im Mehl wenden.
3 Öl in einer Schwenkpfanne erhitzen. Seezungen hineingeben, salzen und 2 Minuten auf jeder Seite braten.
4 Paniermehl und Parmesan vermischen und die Seezungen in der Panade wenden.
5 Die Butter in einer feuerfesten Form zerlassen, Seezungen hineinlegen und im vorgeheizten Ofen (200 °C) backen, bis sich eine leichte Kruste bildet.

<u>Empfohlene Weine</u>
Riesling dell'Oltrepò pavese, Orvieto (Italien);
Chablis (Frankreich); kalifornischer Chardonnay (USA);
Müller Thurgau (Neuseeland)

<u>Menüvorschlag</u>
Spaghetti mit Languste
⇨ Seezunge à la Parma
Flambierte Ananas

Zackenbarsch mit Sauce Tarator

Zubereitungszeit
40 Minuten
(plus 2 Stunden zum Marinieren)

4 Zackenbarschschnitten (1 kg)
Salz
2½ Zitronen
1 Weißbrotscheibe
40 Walnüsse
1 Knoblauchzehe
Pfeffer
60 g Sesampaste
4 EL Öl
1 Bund Petersilie
20 schwarze Oliven
10 Radieschen

1 Fischschnitten mit 1 TL Salz bestreuen, mit dem Saft von 1 Zitrone beträufeln und 2 Stunden in den Kühlschrank stellen.
2 Sauce Tarator zubereiten: Brot einige Minuten in Wasser einweichen.
3 Leicht ausdrücken und zusammen mit den Nußkernen, dem Saft von ½ Zitrone, der zerdrückten Knoblauchzehe, Salz und Pfeffer in der Küchenmaschine 3 Minuten pürieren.
4 Sobald die Sauce geschmeidig und dickflüssig ist, die Sesampaste zufügen und noch 1 Minute durchmischen.
5 Ein Backblech mit Öl bepinseln und die abgespülten und trockengetupften Fischstücke darauflegen.
6 Im Ofen bei 200 °C 20 Minuten garen, dabei alle 5 Minuten wenden und mit dem Öl bestreichen. Anschließend abkühlen lassen. Mit Zitronenscheiben, Petersilie, schwarzen Oliven und Radieschen garniert servieren. Sauce Tarator getrennt reichen.

Empfohlene Weine
Pinot dell'Oltrepò pavese, Frascati (Italien); Pouilly Fuissé (Frankreich); kalifornischer Gewürztraminer (USA); Rhein-Riesling (Deutschland)

Menüvorschlag
Muscheln auf Seemansart
▷ Zackenbarsch mit Sauce Tarator
Schneebällchen

Zackenbarsch in Orangensauce

Zubereitungszeit
40 Minuten

800 g Zackenbarsch
6 EL Öl
50 g Weizenmehl
Salz
40 g Butter, 2 dl Milch
2 Orangen
1 unbehandelte Orange

Empfohlene Weine
Pinot champenois di Franciacorta, Sauvignon del Collio (Italien); Pouilly Fuissé (Frankreich); kalifornischer Pinot blanc (USA); Chardonnay (Südafrika)

Menüvorschlag
Spaghettini mit Thunfisch
➪ Zackenbarsch in Orangensauce
Aprikosenauflauf

1 Zackenbarsch in 2 cm dicke Scheiben schneiden.
2 Öl in eine Schwenkpfanne geben und die leicht bemehlten Fischstücke 10 Minuten bei mittlerer Hitze braten. Salzen und warm stellen.
3 Butter in einer Pfanne zerlassen, Mehl zufügen und 2 Minuten anschwitzen.
4 Milch ergänzen und unter ständigem Rühren 5 Minuten kochen lassen.
5 2 Orangen auspressen.
6 Orangensaft zur Mehlschwitze geben und unter ständigem Rühren weitere 5 Minuten kochen, anschließend salzen.
7 Die Orangensauce über die warmen Fischstücke verteilen und weitere 5 Minuten garen.
8 Die unbehandelte Orange waschen, ungeschält in dünne Scheiben schneiden und diese halbieren. Den Zackenbarsch mit Orangenscheiben garniert servieren.

Seebarsch in Blätterteig

Zubereitungszeit
1 Stunde
(plus 30 Minuten Ruhezeit für den Blätterteig)

1 Seebarsch (1 kg)
1 Estragonzweig
1 Kerbelzweig
Salz und Pfeffer
400 g Blätterteig
(Seite 181)
20 g Butter
2 Eigelb
Weiße Butter
(Seite 181)
Petersilie als Garnitur

1 Seebarsch ausnehmen, waschen und enthäuten; Kopf und Schwanz nicht entfernen. Am Rücken einen Einschnitt vornehmen und etwas Kerbel und Estragon hineinstecken. Die Bauchseite ebenso mit etwas Kräutern füllen. Pfeffern und salzen.
2 Blätterteig zu zwei Rechtecken ausrollen, die 5 cm größer als der Fisch sind.
3 Ein Teigstück auf einem eingebutterten Backblech ausbreiten, den Fisch darauflegen, mit dem zweiten Teigstück bedecken und die Ränder gut zusammendrücken. 30 Minuten in den Kühlschrank stellen.
4 Anschließend den Blätterteig nach der Form des Fisches ausschneiden. Aus den Teigresten Flossen, Kiemen und das Auge modellieren. Durch leichte Einkerbungen die Schuppen nachbilden.
5 Mit den verquirlten Eigelb bepinseln. Den Fisch 10 Minuten in den auf 200 °C vorgeheizten Ofen schieben, anschließend den Garvorgang bei 180 °C 20 Minuten fortsetzen. Fisch vom Backblech nehmen, auf einer Platte anrichten.
6 Mit Petersilie garnieren und Weiße Butter dazu reichen.

Empfohlene Weine
Tokay del Collio, Soave (Italien); Montrachet (Frankreich); kalifornischer Chardonnay (USA); Chenin blanc (Neuseeland)

Menüvorschlag
Venusmuschelsuppe
▷ Seebarsch in Blätterteig
Mandelhippen

Spaghettini mit Thunfisch

Zubereitungszeit
20 Minuten

1 große Zwiebel
5 EL Öl
Salz
200 g Thunfisch in Öl
240 g Spaghettini
1 EL gehackte Petersilie
Pfeffer

1 Zwiebel fein zerkleinern.
2 1 Minute im Öl goldbraun anschwitzen, salzen, 1 dl Wasser zufügen und weiterdünsten.
3 Nach 4 Minuten den zerpflückten Thunfisch hineingeben und 3 Minuten mitschmoren.
4 Inzwischen die Nudeln in reichlich Salzwasser »al dente« kochen, das heißt, sie müssen noch Biß haben. Abseihen.
5 Die Spaghettini in die Pfanne zum Thunfisch geben. Mit gehackter Petersilie und frisch gemahlenem Pfeffer bestreuen.
6 1 Minute in der Pfanne schwenken, gut durchmischen und sofort servieren.

Empfohlene Weine
Verdicchio dei Castelli di Jesi, Soave (Italien); Chablis (Frankreich); kalifornischer Chardonnay (USA); Müller Thurgau (Neuseeland)

Menüvorschlag
▷ Spaghettini mit Thunfisch
Goldbrassen à la niçoise
Nußeis-Schnitten

Thunfisch aus Le Marche

Zubereitungszeit
1 Stunde

Salz
4 EL Essig
4 Scheiben Thunfisch (1 kg)
6 EL Öl
60 g Butter
1 Zwiebel
1 Bund Petersilie
1 Lorbeerblatt
schwarzer Pfeffer
¼ l Gemüsebrühe
1 dl Marsala Vergine
4 Scheiben Landbrot
2 eingesalzene Sardellen
Saft von 1 Zitrone
2 EL Kapern

Empfohlene Weine
Orvieto, Soave (Italien); Meursault (Frankreich); kalifornischer Chenin blanc (USA); Chardonnay (Australien)

Menüvorschlag
Garnelen-Cocktail
➪ Thunfisch aus Le Marche
Flambierte Aprikosen

1 Eine Schwenkpfanne zur Hälfte mit Wasser auffüllen, gut salzen und 4 EL Essig zufügen.
2 Thunfischscheiben in das sprudelnde Wasser geben und 3 Minuten pochieren. Abtropfen und trockentupfen.
3 Die Hälfte des Öls und der Butter in einer zweiten Pfanne erhitzen. Die feingeschnittene Zwiebel, die gewaschene und zusammengebundene Petersilie sowie das zerkleinerte Lorbeerblatt hineingeben.
4 Thunfischscheiben einlegen, 4 Minuten auf jeder Seite anbraten, salzen und pfeffern.
5 Gemüsebrühe zusammen mit dem Marsala zum Thunfisch geben.
6 Das restliche Öl und die übrige Butter in einer Pfanne erhitzen. Brotscheiben leicht anrösten und auf einer Platte anordnen.
7 Den Thunfisch darauflegen.
8 Petersilie aus dem Bratfond des Thunfischs entfernen. Die entsalzenen und gehackten Sardellen sowie den Zitronensaft zufügen. Die Sauce einige Minuten durchkochen, anschließend durch ein feines Sieb streichen. Wieder erhitzen, die gründlich gewaschenen Kapern zufügen und die Sauce über die Thunfischscheiben verteilen.

Thunfisch à la chartreuse

Zubereitungszeit
1 Stunde

Salz
Saft von 1 Zitrone
4 Scheiben Thunfisch (1 kg)
4 Sardellenfilets in Öl
1 Zwiebel
3 Möhren
4 EL Öl
4 Salatherzen
1 Handvoll Sauerampfer
schwarzer Pfeffer
2 dl Weißwein

1

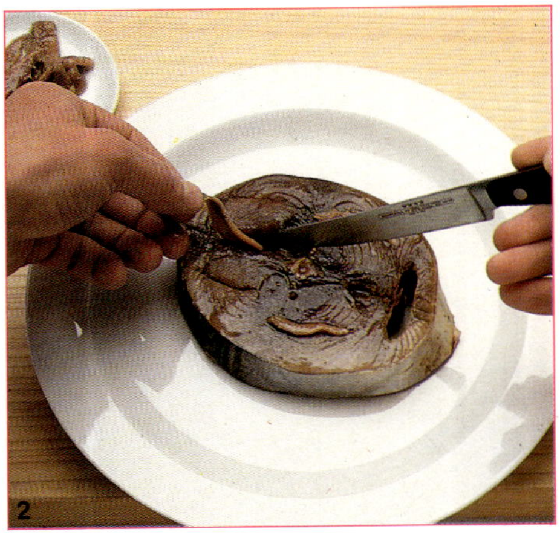

2

3

4

5

6

1 Etwas Wasser mit Salz und dem Zitronensaft zum Kochen bringen. Thunfischscheiben 10 Minuten in das siedende Wasser einlegen und 1 Minute lang aufkochen lassen.
2 Thunfisch herausnehmen, trockentupfen, enthäuten und mit einem Messer mit den Sardellenfilets spicken.
3 Zwiebel halbieren und feinstreifig schneiden, Möhren in Scheibchen schneiden. Öl in einer großen Pfanne erhitzen, Zwiebel und Möhren zufügen, salzen und 4 Minuten dünsten. Thunfischscheiben auf das Gemüse legen und zugedeckt 3 Minuten garen. Salzen, wenden, erneut salzen und weitere 3 Minuten schmoren.
4 Salatherzen in einem Topf 2 Minuten in gut gesalzenem Wasser blanchieren.
5 Wasser abgießen, Salat ausdrücken und auf den Thunfisch geben. In die Mitte der Fischstücke den gewaschenen und trockengetupften Sauerampfer legen und den Garvorgang bei mäßiger Hitze 4 Minuten fortsetzen.
6 Salzen und pfeffern, mit Weißwein begießen und zugedeckt ca. 20 Minuten schmoren. Thunfisch mit Sauerampfer, umgeben vom restlichen Gemüse, auf einem Teller arrangieren.

Empfohlene Weine
Pinot grigio dell'Alto Adige, Pinot champenois di Franciacorta (Italien); Pinot d'Alsace (Frankreich); kalifornischer Johannisberg Riesling (USA); Sauvignon blanc (Südafrika)

Menüvorschlag
Jakobsmuscheln auf provenzalische Art
▷ Thunfisch à la chartreuse
Bayerische Himbeercreme

Nizzaer Salat

Zubereitungszeit
1 Stunde
(plus 30 Minuten zum Wässern der Sardellen)

40 g gesalzene Sardellen
200 g Kartoffeln
200 g grüne Bohnen
Salz
2 hartgekochte Eier
200 g Tomaten
1 Kopfsalat
200 g Thunfisch in Öl
5 EL Öl
2 EL Essig
50 g kleine, schwarze Oliven

1 Sardellen unter fließendem Wasser waschen, längs teilen, entgräten und 30 Minuten wässern.
2 Die ungeschälten Kartoffeln ca. 30 Minuten kochen. Abkühlen lassen, pellen und in feine Scheiben schneiden.
3 Bohnen putzen und ca. 8 Minuten in Salzwasser kochen. Abgießen und abkühlen lassen.
4 Eier und Tomaten achteln.
5 Salat putzen, waschen, trocknen und kleinschneiden. Thunfisch abtropfen lassen und zerkleinern.
6 In einer Schale die Marinade bereiten: Öl, Essig und Salz leicht vermischen.
7 Salat, Bohnen, Kartoffeln und Thunfisch in eine Schüssel geben und die Hälfte der Sauce unterziehen.
8 Mit Ei- und Tomatenachteln, Sardellen und Oliven garnieren. Die restliche Marinade darüber verteilen.

Empfohlene Weine
Gavi, Soave (Italien);
Meusault (Frankreich);
kalifornischer Chenin blanc (USA);
Riesling (Australien)

Menüvorschlag
▷ Nizzaer Salat
Rochen in gebräunter Butter
Bayerische Himbeercreme

Sardellen mit Reis

Zubereitungszeit
1 Stunde
(plus 30 Minuten zum Einweichen der Sultaninen)

240 g Patnareis
Salz
1 große Zwiebel
60 g Butter
1 EL Sultaninen
Jamaikapfeffer
½ TL Zimtpulver
½ TL Zucker
800 g frische Sardellen
1 EL Pinienkerne

1 Reis 30 Minuten in lauwarmem, gesalzenem Wasser quellen lassen.
2 Zwiebel halbieren und feinstreifig schneiden. In 40 g Butter goldbraun andünsten.
3 Den gewaschenen und gut abgetropften Reis zur Zwiebel geben und 5 Minuten garen, dabei ständig rühren.
4 1 Schöpfkelle warmes Wasser ergänzen und die Sultaninen, reichlich Pfeffer, Zimt, Zucker und Salz zufügen. Den Kochvorgang weitere 5 Minuten fortsetzen.
5 Sardellen säubern, entgräten, von den Köpfen befreien und salzen.
6 Eine große, feuerfeste Form einbuttern. Mit einer Schicht Sardellen auslegen, den Reis darüber verteilen, mit den übrigen Sardellen bedecken und Pinienkerne darüberstreuen. Die restliche Butter zerlassen, darüber verteilen und das Gericht 10 Minuten im Ofen (180 °C) vollenden.

Empfohlene Weine
Silvaner dell'Alto Adige, Riesling dell'Oltrepò pavese (Italien); Montrachet (Frankreich); kalifornischer Gewürztraminer (USA); Müller-Thurgau (Neuseeland)

Menüvorschlag
Meeresfrüchte-Salat
▷ Sardellen mit Reis
Zitronenauflauf

Jansons Versuchung

Sardellenauflauf

Zubereitungszeit
1 Stunde
und 10 Minuten

12 eingesalzene Sardellen
400 g Kartoffeln
2 große Zwiebeln
70 g Butter
2 EL Öl
Salz und Pfeffer
2 dl Sahne
1 dl Milch

1 Sardellen entgräten und köpfen. Die Filets 20 Minuten wässern, dabei häufig das Wasser wechseln, anschließend gut trockentupfen.
2 Kartoffeln schälen und in feine Scheiben schneiden. Zwiebeln schälen, vierteln und in feine Streifen schneiden.
3 30 g Butter in einer Pfanne zerlassen, Öl zufügen und die Zwiebeln bei mäßiger Hitze 4 Minuten darin dünsten.
4 Eine feuerfeste Form ausbuttern. Eine Schicht Kartoffeln, eine Schicht Zwiebeln und eine dünne Lage Sardellen hineingeben. Leicht pfeffern und salzen.
5 Mit drei weiteren Schichten in gleicher Reihenfolge auffüllen, mit einer Schicht Kartoffeln abschließen. Mit Butterflöckchen belegen.
6 Sahne und Milch zusammen erhitzen und über den Auflauf geben. Bei 220 °C 30 Minuten backen, bis sich eine braune Kruste bildet.

Empfohlene Weine
Torgiano bianco, Soave (Italien); Meursault (Frankreich); kalifornischer Gewürztraminer (USA); Rhein-Silvaner (Deutschland)

Menüvorschlag
Seespinne auf venezianische Art
▷ Jansons Versuchung
Maronentrüffel

Goldbrassen à la niçoise

Zubereitungszeit
40 Minuten

1 Goldbrassen (1 kg)
Salz und Pfeffer
3 reife Tomaten
1 dl Öl, ½ Zwiebel
1 Kräuterbündel (Thymian, Lorbeer, Salbei)
1 dl Weißwein
12 Sardellenfilets
12 schwarze Oliven

1 Goldbrassen ausnehmen, schuppen, von den Flossen befreien. Waschen und trockentupfen, würzen.
2 Tomaten häuten, entkernen und grob hacken.
3 Die Hälfte des Öls in eine feuerfeste Form geben und den Fisch hineinlegen.
4 Mit dem restlichen Öl begießen. Zwiebel hacken und zusammen mit den Tomaten um den Fisch verteilen. Das Kräuterbündel dazulegen und mit Weißwein ergänzen.
5 Im Ofen bei 200 °C 20 Minuten pochieren, dabei gelegentlich mit der Garflüssigkeit begießen.
6 Sardellenfilets um die Oliven wickeln und die Röllchen zum Fisch geben. Den Garvorgang weitere 5 Minuten fortsetzen. Kräuterbündel entfernen und den Fisch auf einer Platte anrichten.

Empfohlene Weine
Lugana, Pinot grigio dell'Alto Adige (Italien);
Chablis (Frankreich);
Kalifornischer Sauvignon blanc (USA);
Rhein-Riesling (Deutschland)

Menüvorschlag
Spaghetti mit Venusmuscheln
▷ Goldbrassen à la niçoise
Zitronenbaisertorte

Meerbarbe auf Livorner Art

Zubereitungszeit
1 Stunde

8 Meerbarben (800 g)
4 EL Weizenmehl
8 EL Öl
1 Selleriestange
2 Knoblauchzehen
400 g reife Tomaten
Salz
schwarzer Pfeffer
1 EL gehackte Petersilie

1 Meerbarben säubern, trockentupfen und leicht einmehlen.
2 In einer Pfanne 5 EL Öl erhitzen und die Fische beidseitig je 3 Minuten im siedenden Öl backen, abtropfen lassen und warm stellen.
3 Sellerie und Knoblauch fein hacken. Bei milder Hitze in einem großen Topf im restlichen Öl 3 Minuten dünsten.
4 Die enthäuteten und gehackten Tomaten zufügen, salzen und pfeffern und ohne Deckel 15 Minuten durchkochen.
5 Die Tomaten durch ein Sieb streichen.
6 Meerbarben in einen Topf legen, mit der Tomatensauce bedecken und bei niedriger Hitze 5 Minuten aufwärmen.
7 Die Fische auf vorgewärmten Tellern anrichten, mit der Sauce überziehen und, mit feingehackter Petersilie bestreut, sofort servieren.

Empfohlene Weine
Vernaccia di San Gimignano, Regaleali bianco (Italien); Chablis (Frankreich); kalifornischer Chardonnay (USA); Fumé blanc (Südafrika)

Menüvorschlag
Spaghettini mit Thunfisch
▷ Meerbarbe auf Livorner Art
Champagner-Erdbeeren

Stockfisch auf portugiesische Art

Zubereitungszeit
1 Stunde
(plus 2 Tage zum Wässern)

500 g Stockfisch
400 g Kartoffeln
1 Zwiebel
4 Eier
6 EL Öl
Salz
1 Knoblauchzehe
80 g Butter
2 EL gehackte Petersilie
Pfeffer
schwarze Oliven und Spiegeleier als Garnitur

1 Stockfisch 2 Tage in kaltes Wasser einlegen, das häufig ausgewechselt wird. Abtropfen lassen, entgräten und in 6 cm große Stücke teilen.
2 Kartoffeln in Julienne schneiden. Zwiebel hacken. Eier verquirlen.
3 Die Kartoffeln in 3 EL Öl in einer Pfanne braten. Zum Abtropfen auf Küchenkrepp legen und salzen.
4 Das restliche Öl in einer Schwenkpfanne erhitzen, die Zwiebel leicht anbräunen und die zerdrückte Knoblauchzehe 1 Minute leicht andünsten. Stockfisch dazugeben und 8 Minuten schmoren, dabei häufig durchmischen.
5 Die Butter in einer dritten Pfanne zerlassen und die Kartoffeln zusammen mit dem Stockfisch hineingeben. Die Eier darübergießen und 3 Minuten bei milder Hitze stocken lassen, dabei ständig rühren. Die Eier dürfen nicht zu trocken werden.
6 Auf einem Teller hübsch anrichten, den Fisch mit der Petersilie bestreuen und pfeffern. Mit den Oliven und Spiegeleiern garniert servieren.

Empfohlene Weine
Pinot dell'Oltrepò pavese, Vernaccia di San Gimignano (Italien); Chassagne Montrachet (Frankreich); kalifornischer Johannisberg Riesling (USA); Rhein-Riesling (Deutschland)

Menüvorschlag
Spaghetti mit Venusmuscheln
▷ Stockfisch auf portugiesische Art
Erdbeeren und Bananen mit Zitrone

Stockfisch aus Vicenza

Zubereitungszeit
2 Stunden
(plus 2 Tage zum Wässern)

800 g Stockfisch
2 Zwiebeln
1 Knoblauchzehe
2 eingesalzene Sardellen
1 EL gehackte Petersilie
Salz und Pfeffer
40 g geriebener Parmesan
20 EL Öl
½ l Milch
Polentascheiben

Empfohlene Weine
Pinot champenois del Trentino, Franciacorta (Italien); Champagne (Frankreich); kalifornischer Blanc de Noirs (USA); Chardonnay (Neuseeland)

Menüvorschlag
Seespinne auf venezianische Art
⇨ Stockfisch aus Vicenza
Zitronenauflauf

1 Stockfisch mit einem schweren Holzstab leicht schlagen, anschließend 48 Stunden zum Wässern unter einen feinen Wasserstrahl legen.
2 In 6 cm dicke Scheiben schneiden. Diese öffnen und die Mittelgräte entfernen.
3 Fisch enthäuten.
4 Zwiebeln und Knoblauchzehe sowie die entsalzenen und gründlich gewaschenen Sardellen fein hakken. Petersilie dazugeben, salzen und pfeffern. Alles zusammen mit dem Parmesan und 10 EL Öl in einen Topf geben. 5 Minuten durchkochen und dabei gut umrühren.
5 Die einzelnen Fischstücke mit dieser Farce füllen.
6 Das restliche Öl in einen Topf geben, Stockfisch hineinlegen und mit der übrigen Farce überziehen.
7 2 Minuten schmoren, anschließend mit der Milch auffüllen.
8 Den Garvorgang ca. 1½ Stunden bei niedrigster Temperatur fortsetzen, dabei den Topf gelegentlich schütteln, damit der Fisch nicht ansetzt. Mit aufgewärmten oder gerösteten Polentascheiben servieren.

Stockfisch auf florentinische Art

Zubereitungszeit
50 Minuten

800 g gewässerter Stockfisch
2 EL Weizenmehl
7 EL Öl, Salz
400 g reife Tomaten
1 Zwiebel
1 Rosmarinzweig
1 Knoblauchzehe
Pfeffer

Empfohlene Weine
Soave, Tokay del Collio (Italien); Pinot d'Alsace (Frankreich); kalifornischer Johannisberg Riesling (USA); Riesling (Australien)

Menüvorschlag
Sardinen in »saòr«
▷ Stockfisch auf florentinische Art
Rhabarberauflauf

1 Gewässerten Stockfisch trockentupfen und im Mehl wenden.
2 3 EL Öl in einem Topf leicht erwärmen. Den Stockfisch 20 Minuten darin anbraten, bis er schön gebräunt ist.
3 Anschließend zum Abtropfen auf Küchenkrepp legen und salzen.
4 Die gehackten Tomaten in einen kleinen Topf füllen. 1 EL Öl zufügen, salzen und 10 Minuten kochen.
5 Danach durch ein Spitzsieb streichen.
6 2 EL Öl in einen Topf geben. Die feingeschnittene Zwiebel mit etwas Salz und einigen EL Wasser darin leicht anbräunen.
7 Zunächst den Stockfisch und nach 2 Minuten auch die Tomatensauce zufügen. Erforderlichenfalls mit Salz abschmecken, mit Rosmarin würzen und 3 Minuten weiterschmoren.
8 Knoblauch sehr fein würfeln. Mit dem restlichen Öl in einem Pfännchen bei niedrigster Temperatur 2 Minuten leicht anbräunen. Unter den Fisch mischen, pfeffern und servieren.

Brandade de morue

Pürierter Stockfisch auf französische Art

Zubereitungszeit
1 Stunde
(plus 2 Tage zum Wässern)

800 g Stockfisch
1,5 dl Öl
1 Knoblauchzehe
1,5 dl Milch
Saft von ½ Zitrone
schwarzer Pfeffer
dazu fritierte Brotdreiecke

1 Stockfisch 2 Tage in kaltes Wasser legen, das häufig gewechselt wird.
2 Fisch in große Stücke teilen, in einen großen Topf geben und mit kaltem Wasser bedecken. Aufwallen lassen, Temperatur reduzieren und 20 Minuten kochen.
3 Abgießen. Fisch häuten, entgräten und pürieren. In einer Schwenkpfanne die Hälfte des Öls erhitzen, Fischpüree hineingeben und bei milder Hitze 5 Minuten kochen, dabei kräftig umrühren.
4 Knoblauch hacken und Milch erwärmen.
5 Knoblauch zum Fisch geben. Nach und nach das restliche Öl und löffelweise die Milch unterrühren. Dieser Vorgang muß sich langsam vollziehen, damit alle Zutaten gut vermischt werden.
6 Im letzten Augenblick den Zitronensaft und schwarzen Pfeffer ergänzen. Das Püree eßlöffelweise auf Teller verteilen, etwas Milch dazugießen und mit Petersiliensträußchen garnieren.

Empfohlene Weine
Montecarlo bianco, Pinot dell'Oltrepò pavese (Italien); Pouilly Fuissé (Frankreich); kalifornischer Chardonnay (USA); Rhein-Riesling (Deutschland)

Menüvorschlag
Garnelen-Risotto
▷ Brandade de morue
Champagner-Erdbeeren

Gebackener Kabeljau mit Meerrettich

Zubereitungszeit
50 Minuten

800 g Kabeljaufilets
Salz und Pfeffer
½ EL Essig, 40 g Butter
1 Apfel
20 g frischer Meerrettich
2 dl saure Sahne
½ TL Zucker
Petersilienkartoffeln als Beilage

1 Kabeljaufilets in eine feuerfeste Form legen, salzen und pfeffern und gleichmäßig mit Essig beträufeln.
2 Butter zerlassen und über die Fischfilets verteilen. Anschließend bei 200 °C 10 Minuten im Ofen dünsten.
3 Apfel schälen, das Kerngehäuse entfernen und raspeln.
4 Den geraspelten Apfel, geriebenen Meerrettich, die saure Sahne und den Zukker in einer Schale gut vermischen.
5 Diese Sauce über den Fisch geben und den Garvorgang weitere 10 Minuten bei mäßiger Hitze fortsetzen.
6 Zum Kabeljau Petersilienkartoffeln reichen.

Empfohlene Weine
Spumante champenois dell'Oltrepò pavese, Pinot grigio dell'Alto Adige (Italien); Champagne (Frankreich); kalifornischer Johannisberg Riesling (USA); Rhein-Silvaner (Deutschland)

Menüvorschlag
Meerdattelsuppe
▷ Gebackener Kabeljau mit Meerrettich
Damenküßchen

Maccheroncini mit Sardinen

Zubereitungszeit
1 Stunde
(plus 30 Minuten zum Einweichen der Sultaninen)

20 g Sultaninen
1 Bund frischer, wilder Fenchel (100 g)
Salz
300 g frische Sardinen
6 EL Öl
1 große Zwiebel
2 EL Tomatensauce
30 g Pinienkerne
Pfeffer
2 Sardellen
240 g kleine Maccheroni

1

2

3

4

5

6

1 Sultaninen 30 Minuten in lauwarmem Wasser einweichen. Fenchel putzen und waschen, das zarte Fenchelkraut beiseite legen. Fenchel in reichlich Salzwasser 10 Minuten kochen, gut abtropfen lassen und hacken. Kochflüssigkeit zur Weiterverwendung beiseite stellen.
2 Sardinen gründlich säubern, köpfen, waschen und trockentupfen.
3 Öl in einer großen Pfanne erhitzen und die feingehackte Zwiebel 5 Minuten darin dünsten. Anschließend die Tomatensauce, Pinienkerne und die gut ausgedrückten Sultaninen dazugeben.
4 Weitere 5 Minuten schmoren. Sardinen, gekochten und gehackten Fenchel, Salz und Pfeffer zufügen. Garvorgang ohne Deckel mindestens 10 Minuten fortsetzen.
5 Die gewaschenen und feingehackten Sardellen untermischen und das Ganze weitere 5 Minuten kochen lassen.
6 Inzwischen die Nudeln im Fenchelwasser »al dente« kochen, das heißt, sie müssen noch Biß haben. Abseihen, den Pfanneninhalt unterziehen und 3 Minuten ruhen lassen, dabei warm stellen. Vor dem Servieren mit Fenchelgrün bestreuen.

Empfohlene Weine
Regaleali bianco, Torbato (Italien); Graves blanc (Frankreich); kalifornischer Johannisberg Riesling (USA); Riesling (Australien)

Menüvorschlag
▷ Maccheroncini mit Sardinen
Geschmorte Kraken in Tomatensauce
Glasiertes Orangensoufflé

Sardinen in »saòr«

Zubereitungszeit
1 Stunde
(plus 30 Minuten zum Einweichen der Sultaninen und 1 Tag zum Marinieren)

800 g frische Sardinen
4 EL Weizenmehl
12 EL Öl
2 große Zwiebeln
Salz
1 dl Weißweinessig
20 g Sultaninen
30 g Pinienkerne
etwas feingehacktes Zitronat

Empfohlene Weine
Verdicchio dei Castelli di Jesi, Tokay del Collio (Italien); Pinot d'Alsace (Frankreich); kalifornischer Chenin blanc (USA); Sauvignon blanc (Südafrika)

Menüvorschlag
▷ Sardinen in »saòr«
Steinbutt mit Scampisauce
Zabaione

1 Sardinen schuppen, ausnehmen und gründlich waschen.
2 Gut abtropfen lassen und im Mehl wenden.
3 10 EL Öl zum Sieden bringen und die Fische darin backen.
4 Sobald sie gar sind und eine schöne Farbe angenommen haben, zum Abtropfen auf Küchenkrepp legen.
5 Zwiebeln halbieren und feinstreifig schneiden. Im restlichen Öl andünsten, salzen und nach Zugabe von 1 dl Wasser weitere 10 Minuten schmoren. Dann die Hälfte des Essigs ergänzen. Aufwallen lassen und den Garvorgang beenden, die Zwiebeln jedoch nicht weich werden lassen.
6 Die Sardinen nebeneinander in eine feuerfeste Form legen, mit dem restlichen Essig begießen und mit den zuvor 30 Minuten eingeweichten Sultaninen, den Pinienkernen und dem Zitronat bestreuen.
7 Zwiebeln darüber verteilen. Zudecken und vor dem Servieren 1 Tag lang an einen kühlen Ort, nicht in den Kühlschrank, stellen.

1

2

3

4

5

6

7

Seebarsch auf deutsche Art

Zubereitungszeit
1 Stunde

1 Seebarsch (800 g)
1 große Zwiebel
400 g Kartoffeln
Salz
50 g Butter
1 EL Öl
2 TL Senf
Pfeffer

1 Seebarsch säubern und filetieren.
2 Zwiebel hacken. Kartoffeln schälen und vierteln.
3 Fischfilets 8 Minuten in Salzwasser garen. Abtropfen lassen und warm stellen.
4 Kartoffeln in einem zweiten Topf 20 Minuten in Salzwasser kochen. Wasser abgießen und die Kartoffeln grob zerstampfen.
5 Butter in einer Schwenkpfanne zerlassen. Öl zufügen, erhitzen und die Zwiebel ca. 8 Minuten darin dünsten. Senf einrühren und 1 weitere Minute köcheln lassen.
6 Kartoffeln und Fischfilets in einer Schüssel mischen, salzen und pfeffern.
7 Die Mischung appetitlich auf einer Platte anrichten und die Zwiebeln zusammen mit dem Schmorfond darüber verteilen.
8 Mit blättrig geschnittenen Gürkchen und Spiegeleiern servieren.

Empfohlene Weine
Sauvignon del Collio, Corvo di Salaparuta (Italien);
Pinot d'Alsace (Frankreich);
kalifornischer Chardonnay (USA);
Rhein-Riesling (Deutschland)

Menüvorschlag
Fischkraftbrühe mit Reis
⇨ Seebarsch auf deutsche Art
Gratinierte Walderdbeeren

Gebratener Seebarsch in süß-saurer Sauce

Zubereitungszeit
1 Stunde und 10 Minuten

1 Frühlingszwiebel
½ grüne Paprikaschote
1 Seebarsch (1 kg)
Salz
Pfeffer
1 dl Öl
1 EL frisch geriebener Ingwer
1 dl Essig
1 EL Sherry
2 EL Zucker
30 g Maisstärke
2 EL Sojasauce

1 Frühlingszwiebel zusammen mit den grünen Teilen in feine Scheiben schneiden. Paprikaschote entkernen und in Julienne schneiden.
2 Seebarsch schuppen und säubern, waschen, trockentupfen und mit Salz und Pfeffer bestreuen.
3 Öl in eine Schwenkpfanne geben und den Fisch beidseitig je 3 Minuten auf lebhaftem Feuer braten. Hitze reduzieren und weitere 16 Minuten garen. Seebarsch abtropfen lassen, auf einer Platte anrichten und warm stellen.
4 Das Öl aus der Pfanne bis auf 1 EL abgießen. Frühlingszwiebel und Ingwer hineingeben, mischen und 1 Minute dünsten.
5 Zusammen mit der Paprikaschote weitere 3 Minuten schmoren. Essig, Sherry, Zucker, die in 5 cl Wasser gelöste Maisstärke sowie die Sojasauce ergänzen. Bei milder Hitze köcheln lassen und mit einem Schneebesen rühren, bis sich eine klare und dicke Sauce ergibt. Diese über den Fisch verteilen und servieren.

Empfohlene Weine
Spumante champenois del Trentino, Pinot dell'Oltrepo pavese (Italien); Champagne (Frankreich); kalifornischer Blanc de Blancs (USA); Pinot Riesling (Australien)

Menüvorschlag
Schwimmende Flußkrebse
▷ Gebratener Seebarsch in süß-saurer Sauce
Calvados-Sorbet

Gefüllter Seebarsch

Zubereitungszeit
1 Stunde

½ Zwiebel
½ grüne Paprikaschote
1 Tomate
80 g Butter
1 Seebarsch (1 kg)
1 EL gehackte Petersilie
Salz und Pfeffer
1 dl Weißwein
Dill

Empfohlene Weine
Montecarlo bianco, Frascati (Italien); Mosel-Riesling (Deutschland); kalifornischer Gewürztraminer (USA); Chardonnay (Südafrika)

Menüvorschlag
Potted crabs
⇨ Gefüllter Seebarsch
Himbeer-Zabaione

1 Zwiebel und Paprikaschote fein hacken.
2 Tomate häuten, entkernen und fein würfeln.
3 40 g Butter in einer Pfanne zerlassen und die Zwiebel, Paprikaschote und Tomate 5 Minuten darin schmoren.
4 Seebarsch schuppen, ausnehmen, unter fließendem Wasser waschen und trockentupfen.
5 Mit der Mischung aus Zwiebel, Paprikaschote, Tomate und gehackter Petersilie füllen. Salzen und pfeffern.
6 Den Fisch gut zunähen.
7 Eine Bratform ausbuttern, den Fisch hineinlegen, Wein zugießen und die restliche zerlassene Butter dazugeben. Leicht salzen und pfeffern.
8 Mit dem gehackten Dill bestreuen und 20 Minuten bei 200 °C im Ofen garziehen, dabei häufig mit dem Fond begießen.

Gegrillter Seebarsch mit Fenchel

Zubereitungszeit
1 Stunde

1 Seebarsch (1 kg)
6 Fenchelzweige
Salz und Pfeffer
4 EL Öl
5 cl Pernod oder Pastis

1 Seebarsch schuppen, Kopf und Schwanzstück nicht abschneiden. Waschen und trockentupfen.
2 Beidseitig schräge Einschnitte vornehmen und mit dem Fenchelgrün spicken.
3 Salzen, pfeffern und mit dem Öl bepinseln.
4 20 cm vom Grill entfernt auf einen Bratrost legen und im sehr heißen Ofen 10 Minuten auf jeder Seite garen.
5 Aus dem Ofen nehmen und auf einer Platte anrichten.
6 Pernod in einem kleinen Topf erhitzen und über den Fisch geben. Anzünden und sofort servieren.

Empfohlene Weine
Silvaner dell'Alto Adige, Lugana (Italien); Graves blanc (Frankreich); kalifornischer Chenin blanc (USA); Mosel-Riesling (Deutschland)

Menüvorschlag
Kalte Austernsuppe
▷ Gegrillter Seebarsch mit Fenchel
Bayerische Ananascreme mit Erdbeer-Coulis

Geschmorter Meeraal Braganzer Art

Zubereitungszeit
1 Stunde

800 g Meeraal
1 dl Öl
1 kleine Zwiebel
1 Lorbeerblatt
1 EL Essig
Salz
Pfeffer
4 Scheiben altbackenes Weißbrot
3 Eigelb
1 EL gehackte Petersilie

1 Meeraal ausnehmen, waschen und trockentupfen. In 5 cm dicke Scheiben schneiden.
2 Öl in einem Topf erhitzen und die gehackte Zwiebel 5 Minuten darin schmoren.
3 Die Fischstücke, Lorbeer, Essig, ¼ l Wasser, Salz und Pfeffer zugeben. Aufwallen lassen und anschließend 10 Minuten simmern.
4 Brotscheiben auf eine vorgewärmte Platte legen und den abgetropften Fisch darauf anrichten.
5 Eigelb in eine kleine Schüssel geben und mit Petersilie verquirlen.
6 Die Mischung zur Garflüssigkeit des Meeraals geben und unter ständigem Rühren auf milder Flamme eindicken lassen. Die Sauce über den Fisch verteilen und servieren.

Empfohlene Weine
Regaleali bianco, Torgiano bianco (Italien); Meursault (Frankreich); kalifornischer Johannisberg Riesling (USA); Chardonnay (Australien)

Menüvorschlag
Garnelen-Cocktail
▷ Geschmorter Meeraal Braganzer Art
Zitronenauflauf

Gefüllter Hechtdorsch

Zubereitungszeit
1 Stunde

1 Hechtdorsch (1,2 kg)
2 Eier
50 g gekochter Schinken
10 schwarze Oliven
½ rote Paprikaschote
8 EL Öl
1 EL Paniermehl
1 Lorbeerblatt
1 reife Tomate
Salz
schwarzer Pfeffer

Empfohlene Weine
Torbato, Regaleali bianco (Italien); Bordeaux blanc (Frankreich); kalifornischer Sauvignon blanc (USA); Rhine Riesling (Südafrika)

Menüvorschlag
Seespinne auf venezianische Art
➪ Gefüllter Hechtdorsch
Obstsalat mit Gin

1 Fisch schuppen, säubern und gründlich waschen.
2 Die Füllung zubereiten: gekochte Eier (7 Minuten) hacken.
3 Schinkenscheiben fein würfeln.
4 Entkernte Oliven und die Paprikahälfte fein zerkleinern.
5 Sämtliche Zutaten mit 2 EL Öl und dem Paniermehl gut vermischen. Den Hechtdorsch mit der Farce füllen.
6 Gut zunähen. Das restliche Öl in eine ofenfeste Form geben, den Fisch hineinlegen und mit dem zerriebenen Lorbeerblatt bestreuen.
7 Den Fisch mit der zuvor zerkleinerten Tomate belegen, salzen und pfeffern. Im auf 180 °C vorgeheizten Ofen ca. 30 Minuten pochieren, dabei gelegentlich mit der Garflüssigkeit begießen. Erforderlichenfalls ein wenig Wasser ergänzen, damit der Fisch nicht ansetzt.

Zahnbrassen mit Oliven

Zubereitungszeit
40 Minuten

1 Zahnbrassen (1,2 kg)
6 EL Öl
24 schwarze Oliven
Salz
2 dl Weißwein
Pfeffer
4 Rosmarinzweige

1 Zahnbrassen schuppen, säubern und waschen.
2 Öl in den Fischkessel geben und erhitzen, den Zahnbrassen hineinlegen und bei milder Hitze auf beiden Seiten je 3 Minuten anbraten.
3 Die möglichst entkernten schwarzen Oliven zufügen, salzen und mit dem Wein aufgießen. Den Garvorgang weitere 15 Minuten fortsetzen.
4 Pfeffern und zusammen mit den 4 Rosmarinzweigen 5 Minuten weiterkochen. Anschließend sofort servieren.

Empfohlene Weine
Vernaccia di San Gimignano, Verdicchio dei Castelli di Jesi (Italien); Montrachet (Frankreich); kalifornischer Gewürztraminer (USA); Rhine Riesling (Südafrika)

Menüvorschlag
Garnelen-Risotto
▷ Zahnbrassen mit Oliven
Himbeer-Zabaione

Petersfisch mit Artischocken

Zubereitungszeit
45 Minuten

1 Petersfisch (1 kg)
2 EL Weizenmehl
8 EL Öl
Salz
4 Artischocken
1 Rosmarinzweig
Saft von ½ Zitrone
2 dl Weißwein
1 EL gehacke Petersilie
schwarzer Pfeffer
20 g Butter

1 Den Fisch säubern, waschen und in vier Stücke teilen. Trockentupfen und einmehlen.
2 Öl in einer Schwenkpfanne erhitzen und den Fisch hineingeben.
3 Bei mittlerer Hitze 3 Minuten auf jeder Seite braten, anschließend salzen.
4 Die geputzten und in feine Scheiben geschnittenen Artischocken, sowie Rosmarin und Salz zufügen.
5 Zunächst den Zitronensaft, dann den Weißwein dazugießen und alles ca. 15 Minuten köcheln lassen.
6 Mit der feingehackten Petersilie bestreuen, pfeffern und weitere 3 Minuten zugedeckt garen.
7 Die Artischocken auf einen Teller geben und den Fisch darauf anrichten.
8 Die Sauce mit Butter aufschlagen, mit Mehl binden, über den Fisch verteilen.

Empfohlene Weine
Riesling dell'Oltrepò pavese, Tokay del Collio (Italien); Pouilly Fuissé (Frankreich); kalifornischer Sauvignon blanc (USA); Chardonnay (Südafrika)

Menüvorschlag
Spaghetti mit Languste
▷ Petersfisch mit Artischocken
Passionsfrucht-Sorbet

Steinbutt mit Scampisauce

<u>Zubereitungszeit</u>
1 Stunde

200 g Scampi
½ EL Mehl
Salz
80 g Butter
1 Prise Muskatblüte
Cayennepfeffer
1 Steinbutt (1,2 kg)
2 dl Milch
Saft von ½ Zitrone
Pfeffer
1 EL gehackte Petersilie
Salzkartoffeln und gekochte Möhren als Beilage

1 Scampi in ein wenig sprudelndes Wasser geben und 3 Minuten kochen. Aus den Schalen brechen, die wieder ins Wasser geworfen und weiter 15 Minuten gekocht werden. Anschließend den Kochfond durch ein Sieb gießen und einkochen lassen.
2 In einem Topf das Mehl mit 1 dl der Scampibrühe mischen. Mit einer Prise Salz abschmecken. Butter stückchenweise zufügen und 3 Minuten unter ständigem Rühren kochen lassen.
3 Die zerkleinerten Scampi hineingeben und mit Muskatblüte und Cayennepfeffer abschmecken. Erneut durchrühren und 1 Minute kochen lassen, bis sich eine dicke Sauce ergibt.
4 Steinbutt säubern, ausnehmen und in den Fischkessel legen.
5 Mit 2 dl Wasser und der Milch bedecken, Zitronensaft zufügen, salzen und pfeffern. Ca. 15 Minuten garziehen.
6 Steinbutt abtropfen lassen, auf eine vorgewärmte Platte legen und mit gehackter Petersilie bestreuen. Mit Salzkartoffeln und gekochten Möhren garniert servieren. Die Scampisauce getrennt reichen.

<u>Empfohlene Weine</u>
Spumante champenois del Trentino, Pinot bianco di Franciacorta (Italien); Champagne (Frankreich); Chenin blanc (Südafrika); Mosel-Riesling (Deutschland)

<u>Menüvorschlag</u>
Marinierter Hering
⇨ Steinbutt mit Scampisauce
Obstsalat mit Gin

Steinbutt vom Grill

Zubereitungszeit
30 Minuten

1 Steinbutt (1,2 kg)
1 EL Meersalz
2 Knoblauchzehen
3 EL Öl
Béarner Sauce (Seite 182)

1 Den Steinbutt säubern, waschen und trockentupfen.
2 Die Grillbeize vorbereiten: In einem großen flachen Topf 2 Schöpfkellen Wasser zusammen mit dem Meersalz und den zerdrückten Knoblauchzehen leicht erwärmen.
3 Den Fisch von beiden Seiten gleichmäßig mit Öl bestreichen.
4 Auf einen Bratrost in den Ofen geben, dabei einen großen Abstand von der Heizspirale wahren.
5 Den Fisch während des Grillvorgangs alle 4 Minuten wenden (mindestens viermal), dabei jedesmal in die Grillbeize tauchen.
6 Vor dem Servieren mit etwas Öl beträufeln und Béarner Sauce getrennt dazu reichen.

Empfohlene Weine
Torbato, Tokay del Collio (Italien); Sancerre (Frankreich); kalifornischer Chenin blanc (USA); Chardonnay (Südafrika)

Menüvorschlag
Meeresfrüchte-Salat
▷ Steinbutt vom Grill
Halbgefrorenes aus Ananas

Krustentiere

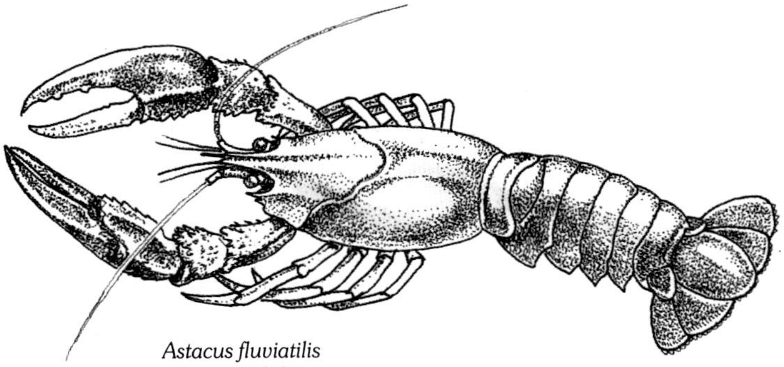

Astacus fluviatilis
Gambero di fiume
Écrevisse
Crayfish
Flußkrebs

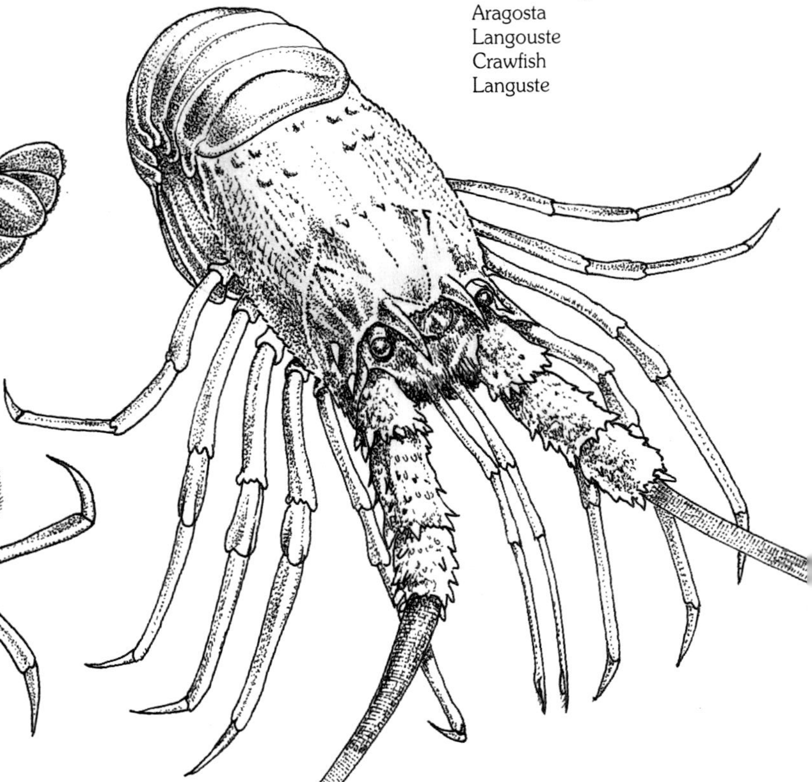

Palinurus vulgaris
Aragosta
Langouste
Crawfish
Languste

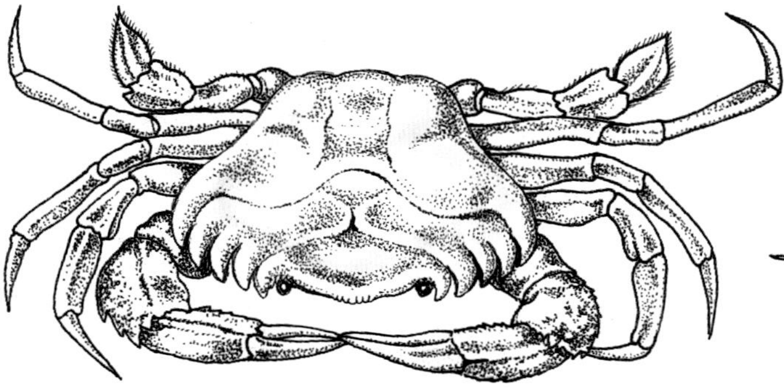

Carcinus mediterraneus
Granchio comune
Crab vert
Shore crab
Gewöhnliche Strandkrabbe

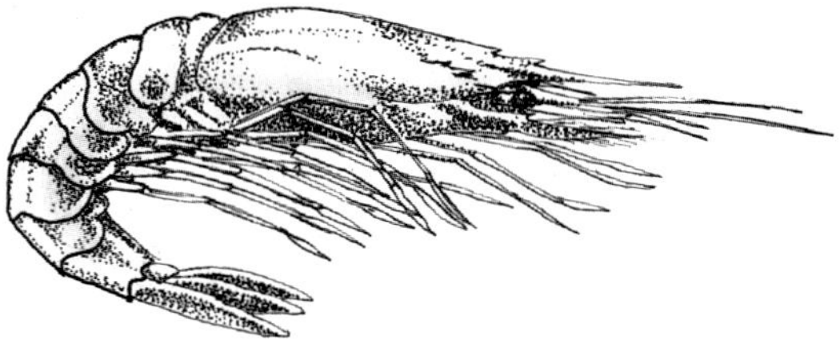

Aristeus antennatus
Gambero rosso
Crevette rouge •
Red shrimp
Rote Krabbe

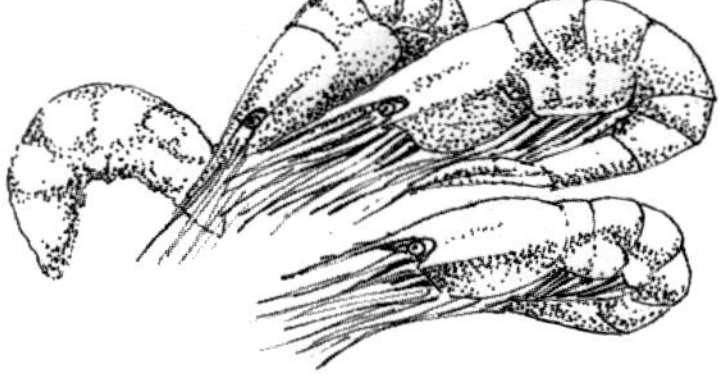

Parapenaeus longirostris
Gambero rosa
Crevette rose du large
Deep water pink shrimp
Kleine Seekrabbe

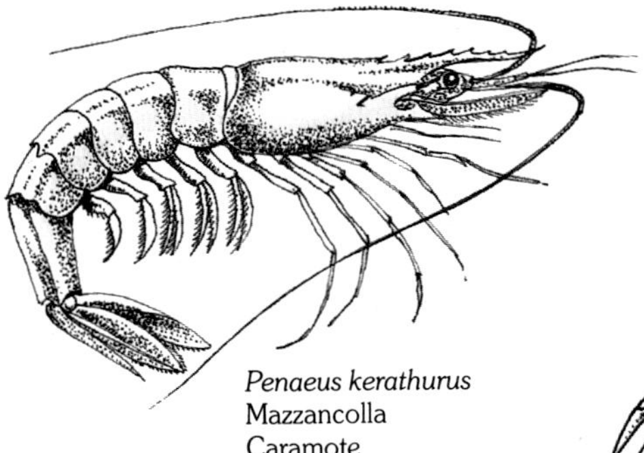

Penaeus kerathurus
Mazzancolla
Caramote
Triple-grooved shrimp
Shrimps

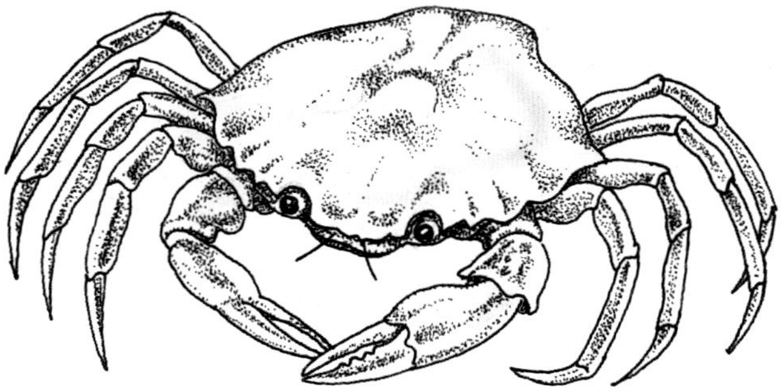

Cancer pagurus
Granchio
Crabe
Crab
Taschenkrebs

Die Krustentiere sind nacheinander mit wissenschaftlichen Namen sowie in Italienisch, Französisch, Englisch und Deutsch bezeichnet.

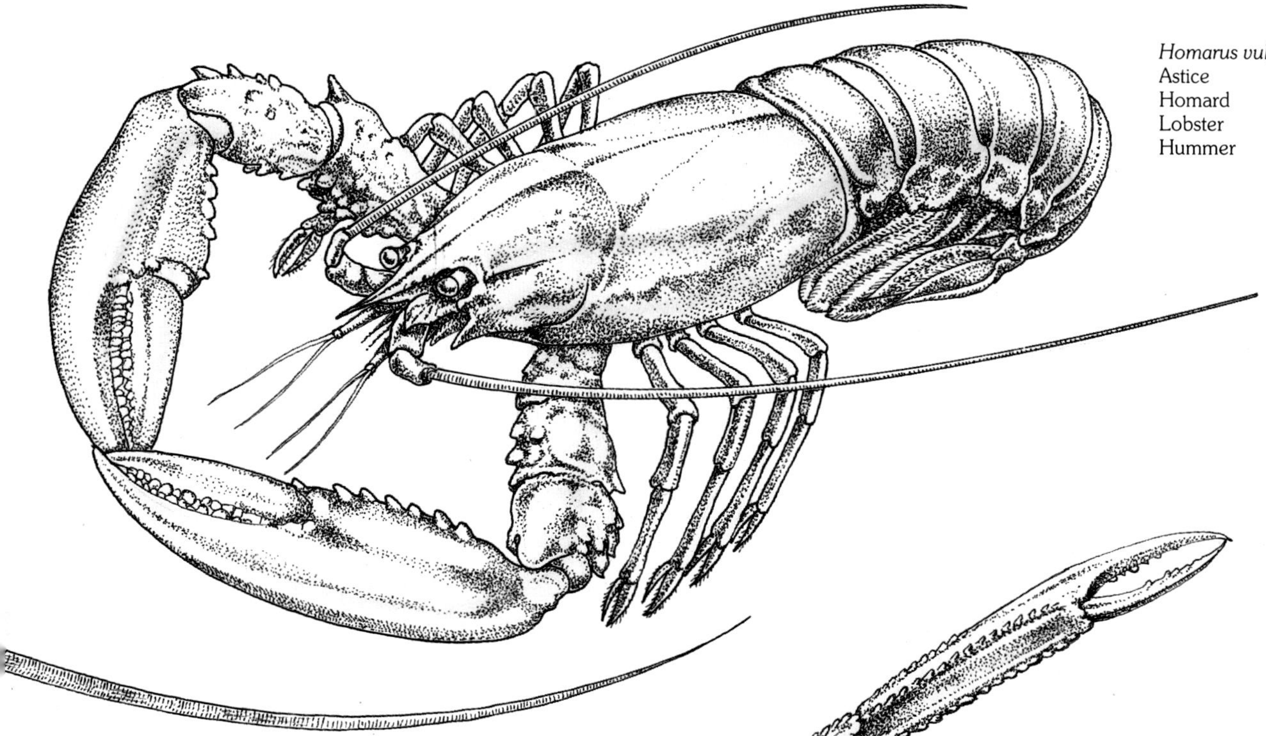

Homarus vulgaris
Astice
Homard
Lobster
Hummer

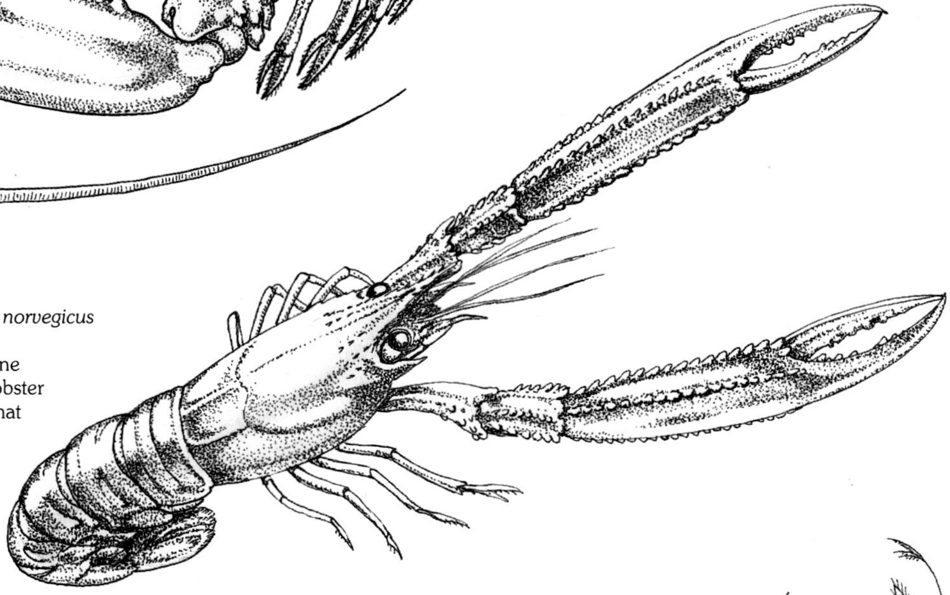

Nephrops norvegicus
Scampo
Langoustine
Norway lobster
Kaisergranat

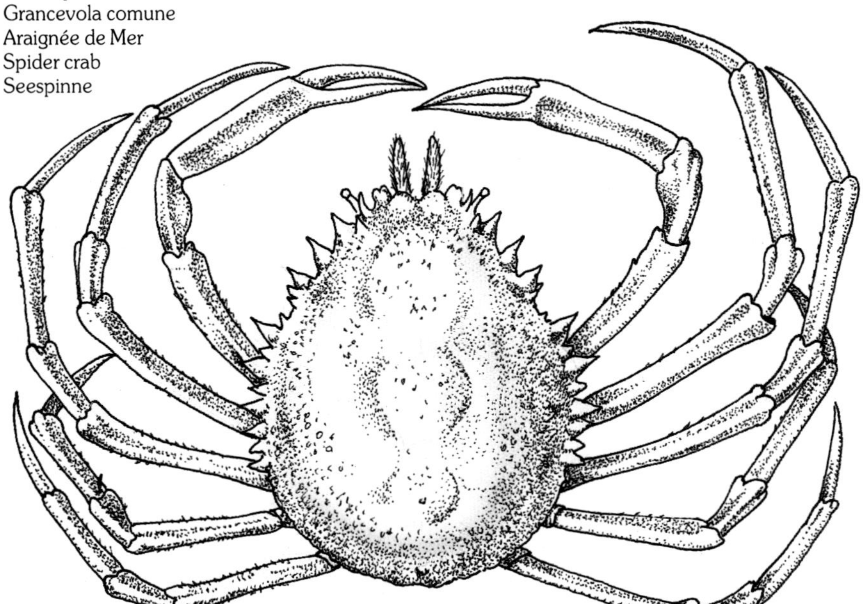

Maia squinado
Grancevola comune
Araignée de Mer
Spider crab
Seespinne

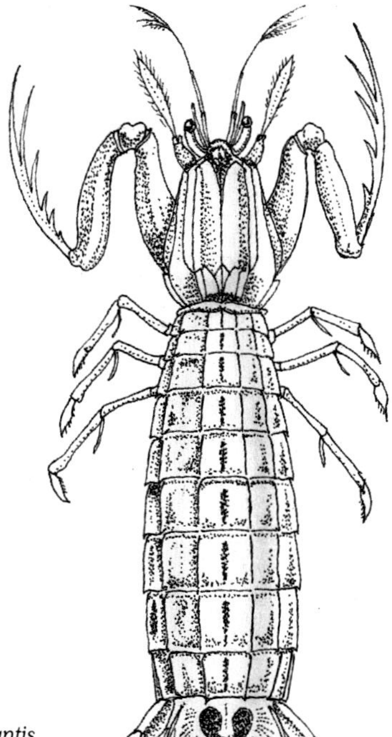

Squilla mantis
Canocchia
Squille
Mantis shrimp
Heuschreckenkrebs

Spaghetti mit Languste

Zubereitungszeit
1 Stunde

1 Languste (500 g)
½ Zwiebel, 6 EL Öl
2 reife Tomaten
Salz
1 Rosmarinzweig
280 g Spaghetti
Pfeffer

Empfohlene Weine
Torbato, Vernaccia di San Gimignano (Italien); Chassagne Montrachet (Frankreich); kalifornischer Johannisberg Riesling (USA); Sauvignon blanc (Südafrika)

Menüvorschlag
▷ Spaghetti mit Languste
Zackenbarsch in Orangensauce
Flambierte Aprikosen

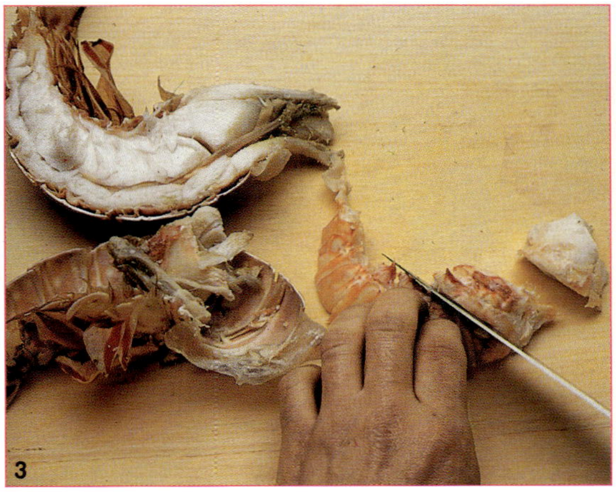

1 Die zuvor zusammengebundene Languste in sprudelndes Wasser werfen und 8 Minuten kochen.
2 Erkalten lassen und der Länge nach halbieren.
3 Das Fleisch aus der Schale nehmen und in mundgerechte Stücke schneiden.
4 Zwiebel fein hacken und mit 4 EL Öl in einer großen Pfanne andünsten.
5 Die enthäuteten und zerkleinerten Tomaten zufügen, salzen und alles 5 Minuten kochen lassen.
6 Langustenfleisch hineingeben, mit Rosmarin würzen und weitere 3 Minuten garen.
7 Spaghetti in Salzwasser ca. 8 Minuten »al dente« kochen, das heißt, sie sollen noch Biß haben.
8 Nudeln abseihen, zusammen mit 2 EL Öl in die Pfanne geben und 2 Minuten durchschwenken, dabei gut mit der Sauce vermischen. Mit Pfeffer abschmecken und servieren.

Languste auf algerische Art

Zubereitungszeit
1 Stunde

2 Langusten (à 500 g)
2 junge Zwiebeln, Salz
6 EL Öl
1 TL Senf
1 TL Essig
Pfeffer
2 mittelgroße Tomaten

Empfohlene Weine
Sauvignon del Collio, Torbato (Italien); Sancerre (Frankreich); kalifornischer Chenin blanc (USA); Fumé blanc (Südafrika)

Menüvorschlag
Venusmuschelsuppe
▷ Languste auf algerische Art
Bayerische Ananascreme mit Erdbeer-Coulis

1 Die zuvor zusammengebundenen Langusten in kochendheißes Wasser werfen und 10 Minuten garen.
2 Die feingeschnittenen Zwiebeln 10 Minuten in einer Tasse in Salzwasser einlegen.
3 Die ausgekühlten Langusten längs halbieren.
4 Mit einem Löffel die cremige Substanz aus den Langustenköpfen schälen und in eine Schüssel geben.
5 5 EL Öl, den Senf, Essig, Salz und Pfeffer zufügen und gut vermischen.
6 Langustenfleisch aus den Schalen lösen und in Scheiben schneiden.
7 Zwiebeln abtropfen lassen und mit dem restlichen Öl anmachen; Tomaten würfeln.
8 Die einzelnen Teller mit Zwiebeln auslegen, das Langustenfleisch daraufgeben, mit der Sauce überziehen und mit gesalzenen Tomatenwürfeln bestreuen.

Languste auf katalanische Art

Zubereitungszeit
1 Stunde

2 Langusten (à 500 g)
1 kleine Zwiebel
2 grüne Paprikaschoten
4 reife Tomaten
2 dl Öl
Salz und Pfeffer
1 EL gehackte Petersilie
3 dl Weißwein
1 TL Cayennepfeffer
1 Prise Safran
2 EL Cognac

Empfohlene Weine
Spumante champenois dell'Oltrepò pavese, Torgiano bianco (Italien); Montrachet (Frankreich); kalifornischer Chardonnay (USA); Sauvignon blanc (Südafrika)

Menüvorschlag
Garnelen-Cocktail
➪ Langouste auf katalanische Art
Zitronenbaisertorte

1 Langusten mindestens 8 Minuten in sprudelndem Wasser kochen und anschließend erkalten lassen. Das Fleisch aus Schalen und Scheren lösen und in mundgerechte Stücke schneiden.
2 Zwiebel fein hacken. Die Paprikaschoten von den Samenkörnern befreien und in Streifchen schneiden. Tomaten häuten, entkernen und zerkleinern.
3 Öl in eine Schwenkpfanne geben und das Langustenfleisch auf lebhaftem Feuer sautieren. Salzen und pfeffern. Herausnehmen und warm stellen.
4 Im gleichen Öl die Zwiebel goldbraun anschwitzen; Paprikaschoten und Tomaten dazugeben.
5 Nach 5 Minuten Petersilie, Weißwein, Cayennepfeffer, Safran und Langustenfleisch zufügen. Den Garvorgang zugedeckt weitere 10 Minuten fortsetzen.
6 Das Langustenfleisch aus der Sauce nehmen und auf einem vorgewärmten Teller anrichten.
7 Die Sauce reduzieren und mit Cognac flambieren.
8 Über das Langustenfleisch geben und das Gericht sofort servieren.

Hummer Thermidor

Zubereitungszeit
1 Stunde
und 20 Minuten

2 Hummer (à 600 g)
6 EL Öl
Salz und Pfeffer
100 g Butter
1½ Schalotten
1 dl Weißwein
1 TL Estragon
1 TL Kerbel
60 g Mehl
¼ l Fischfumet (Seite 181)
¼ l Milch
1 dl Sahne
2 Eigelb
30 g geriebener Parmesan

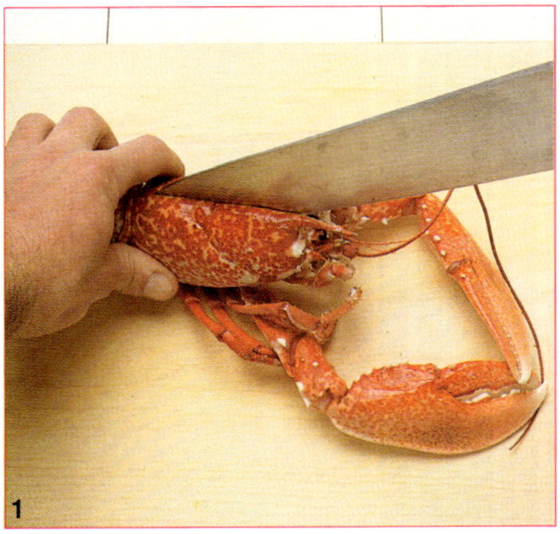

1 Hummer längs teilen; Corail und Leber herausholen und beiseite legen. Die beiden Hälften mit Öl bepinseln, salzen und pfeffern. In eine ofenfeste Form geben und 15 Minuten bei 200 °C garen, dabei öfter mit dem Öl bestreichen.
2 Leicht abkühlen lassen, Köpfe abdrehen, Fleisch aus den Schwänzen lösen; Scheren aufschlagen und das Fleisch herausnehmen. Schalen beiseite legen, Hummerfleisch in Stückchen schneiden. Corail und Hummerleber mit Hilfe eines Löffels durch ein feines Drahtsieb streichen.
3 20 g Butter in einer Schwenkpfanne zerlassen und die zuvor gehackten Schalotten 1 Minute andünsten. Mit Wein aufgießen, gehackten Estragon und Kerbel zufügen und alles bei mittlerer Hitze einige Minuten einkochen lassen.
4 In einem Topf 60 g Butter zerlassen und das Mehl 1 Minute darin anschwitzen. Mit heißem Fleischfumet und erwärmter Milch ergänzen und 2 Minuten kochen.
5 Die Sahne mit den Eigelb verquirlen, passierten Corail und Hummerleber untermischen. Zur Béchamelsauce geben und alles 2 Minuten kochen lassen. Die Sauce zu den Schalotten gießen, salzen und pfeffern und das Hummerfleisch zufügen.
6 Die Mischung in die Schalenhälften verteilen, mit Parmesan bestreuen und etwas zerlassene Butter darübergeben. 5 Minuten im Ofen überbacken.

Empfohlene Weine
Pinot bianco del Collio, Terlano dell'Alto Adige (Italien); Pouilly Fuissé (Frankreich); kalifornischer Chenin blanc (USA); Fumé blanc (Südafrika)

Menüvorschlag
Schwimmende Flußkrebse
▷ Hummer Thermidor
Damenküßchen

Langueste Newburg

Zubereitungszeit
40 Minuten

1 Languste (1 kg)
Salz
Pfeffer
60 g Butter
1 dl Madeira oder
Marsala Vergine
½ l Sahne
5 Eigelb
1 Prise Cayennepfeffer
Pfeffer
200 g Reis

1 Languste in kochendem Salzwasser ca. 15 Minuten garen.
2 Abkühlen lassen, Fleisch aus den Schalen lösen und in größere Stücke teilen.
3 Butter in einer Schwenkpfanne erhitzen und das Langustenfleisch 2 Minuten darin anschmoren.
4 Madeira und 3,5 dl Sahne ergänzen. Aufwallen lassen, Temperatur reduzieren und bei milder Hitze 2 Minuten köcheln lassen.
5 Eigelb mit der restlichen Sahne verrühren und ein paar Tropfen von der heißen Sauce zufügen.
6 In die Pfanne geben und ständig rühren. Bei mittlerer Temperatur bis zur vollständigen Bindung erwärmen, aber nicht kochen lassen.
7 Mit einer Prise Cayennepfeffer, Salz und Pfeffer abschmecken.
8 Den Kochvorgang 2–3 Minuten vollenden und alles auf gedämpftem Reis anrichten.

Empfohlene Weine
Ribolla dei Colli Orientali del Friuli, Pinot dell'Oltrepò pavese (Italien); Sancerre (Frankreich); kalifornischer Pinot blanc (USA); Rhein-Riesling (Deutschland)

Menüvorschlag
Garnelen-Pilaw
▷ Languste Newburg
Flambierte Ananas

Hummer auf amerikanische Art

Zubereitungszeit
1 Stunde

2 Hummer (à 500 g)
Salz und Pfeffer
1 dl Öl, ½ Zwiebel
2 Schalotten
1 Knoblauchzehe
1 dl Cognac
¼ l Weißwein
4 reife Tomaten
2 dl Fischfumet (Seite 181)
1 Prise Cayennepfeffer
1 EL Tomatenmark
2 EL gehackte Petersilie
1 EL Estragon, 20 g Butter

1 Hummer längs teilen, Corail und Leber beiseite legen. Die Schwanzhälften jeweils in drei, die Kopfhälften in zwei Stücke teilen. Scheren abdrehen. Salzen und pfeffern. Öl in einer Schwenkpfanne erhitzen. Hummerstücke und Scheren sautieren, bis sie eine schöne rote Farbe haben. Wenden und weitere 4 Minuten garen.
2 Hummer herausnehmen. Gehackte Zwiebel, Schalotten und Knoblauch dazufügen und 8 Minuten dünsten. Hummer erneut hineinlegen und mit Cognac flambieren. Mit Wein aufgießen. Gehackte Tomaten, Fischfumet und Cayennepfeffer ergänzen. Zugedeckt bei milder Hitze 5 Minuten köcheln.
3 Das Fleisch aus Scheren und Schwänzen lösen und warm stellen. Schalen und Köpfe zerstoßen und zur Sauce geben. Zusammen mit dem Tomatenmark weitere 5 Minuten kochen, durch ein Sieb streichen und eindicken lassen. Corail, Leber, Petersilie, Estragon und Hummerstücke hineingeben. Nach 1 Minute mit der Butter verfeinern und 1 weitere Minute garen.

Empfohlene Weine
Vernaccia di San Gimignano, Regaleali bianco (Italien); Montrachet (Frankreich); kalifornischer Sauvignon blanc (USA); Rhein-Silvaner (Deutschland)

Menüvorschlag
Garnelen-Pilaw
▷ Hummer auf amerikanische Art
Mandel-Anis-Plätzchen

Seespinne auf venezianische Art

Zubereitungszeit
45 Minuten

4 Seespinnen (1 kg)
1 Bund Petersilie
4 EL Öl
Saft von 1 Zitrone
Salz und Pfeffer

Empfohlene Weine
Pinot grigio dell'Alto Adige, Soave (Italien); Muscadet (Frankreich); kalifornischer Pinot blanc (USA); Chardonnay (Australien)

Menüvorschlag
▷ Seespinne auf venezianische Art
Normannische Seezungenschnitten
Bayerische Himbeercreme

1 Seespinnen in sprudelndes Wasser werfen und 6 Minuten kochen.
2 Abtropfen und abkühlen lassen. Beine abdrehen, mit einem Nußknacker öffnen. Fleisch auslösen und fein zerkleinern.
3 Körper mit Hilfe eines Messers auf der Unterseite an der Verbindungsstelle aufbrechen. Eier herausnehmen und beiseite legen.
4 Das Körperfleisch herauslösen. Die oberen Schalenhälften zur späteren Verwendung als Servierschale aufbewahren.
5 Das Fleisch zerkleinern und zum Fleisch aus den Beinen geben.
6 Petersilie fein hacken.
7 Das Fleisch in die einzelnen Schalen füllen und die Eier in die Mitte legen. Mit Petersilie bestreuen, mit Öl und Zitronensaft anmachen, salzen und pfeffern.

Potted crabs

Krebsfleisch auf englische Art

Zubereitungszeit
1 Stunde

1,2 kg Taschenkrebse, Salz
1 Messerspitze Muskatnuß
1 Messerspitze Cayennepfeffer
1 Prise Muskatblüte
Saft von 1 Zitrone
50 g Butter
20 g geklärte Butter (Seite 181)
dazu geröstete Weißbrotscheiben

Empfohlene Weine
Pinot bianco del Collio, Montecarlo bianco (Italien); Gewürztraminer d'Alsace (Frankreich); kalifornischer Chenin blanc (USA); Sauvignon blanc (Südafrika)

Menüvorschlag
▷ Potted crabs
Aal auf venezianische Art
Zitronenauflauf

1 Krebse in sprudelndem Salzwasser 20 Minuten bzw. bis sie eine schöne rote Farbe annehmen, kochen.
2 Fleisch aus Schalen und Scheren lösen, dabei die hellen Teile von der dunkleren cremigen Substanz trennen.
3 Jeweils salzen und mit Muskatnuß, Cayennepfeffer, Muskatblüte und Zitronensaft abschmecken.
4 In kleine Auflaufförmchen abwechselnd das helle und dunkle Fleisch schichten.
5 Butter zerlassen und gleichmäßig über die Förmchen verteilen.
6 Im Wasserbad 15 Minuten bei 170 °C garen.
7 Abkühlen lassen und stürzen.
8 Über jede Portion etwas geklärte Butter geben. Mit geröstetem Brot servieren.

Krebsklößchen Maryland

Zubereitungszeit
1 Stunde und 20 Minuten
(plus 1 Stunde zum
Kaltstellen)

1 kg Taschenkrebse
Salz
100 g Frühlingszwiebeln
16 EL Öl
2 Eier, 50 g Mayonnaise
2 EL Senf
2 Tropfen Tabasco
Pfeffer
2 EL gehackte Petersilie
100 g Paniermehl
Tartarensauce (Seite 182)

Empfohlene Weine
Vernaccia di San Gimignano, Terlano dell'Alto Adige (Italien); Chassagne Montrachet (Frankreich); kalifornischer Johannisberg Riesling (USA); Chenin blanc (Südafrika)

Menüvorschlag
▷ Krebsklößchen Maryland
Steinbutt vom Grill
Himbeer-Zabaione

1 Krebse in sprudelndem Salzwasser ca. 20 Minuten bzw. bis sie eine schöne rote Farbe angenommen haben, kochen. Fleisch aus Schalen, Beinen und Scheren lösen.
2 Krebsfleisch hacken.
3 Frühlingszwiebeln fein zerkleinern und in 1 EL Öl 4 Minuten dünsten.
4 Eier verquirlen; Mayonnaise, Senf, Tabasco, Salz und Pfeffer zufügen und alles gut verrühren.
5 In einer Schüssel das Krebsfleisch, gehackte Petersilie, 80 g Paniermehl, Frühlingszwiebeln und die Eiermischung vermengen.
6 Aus der Masse Klößchen formen und diese zugedeckt 1 Stunde in den Kühlschrank stellen.
7 Das restliche Öl in einer Schwenkpfanne erhitzen. Die Klößchen im übrigen Paniermehl wenden und ca. 5 Minuten goldbraun braten.
8 Zum Aufsaugen von überschüssigem Öl auf Küchenkrepp legen und mit Tartarensauce servieren.

Crab Louis

Taschenkrebse auf amerikanische Art

Zubereitungszeit
1 Stunde

1,2 kg Taschenkrebse
Salz
1 Kopfsalat
2 Tomaten
2 hartgekochte Eier
1 kleine Avocado
3 dl Mayonnaise
3 EL gehackte Frühlingszwiebeln
4 EL Chilisauce
1 EL Worcestershiresauce
Cayennepfeffer
2 EL gehackte Petersilie
1 EL Zitronensaft
1 dl Schlagsahne

1 Taschenkrebse in kochendes Salzwasser werfen und 20 Minuten garen, bzw. bis sie sich rot färben. Erkalten lassen und das Fleisch aus Schalen, Beinen und Scheren lösen.
2 Salat in Julienne schneiden, waschen und trockenschleudern. Auf eine Platte geben und das Krebsfleisch darauf anrichten.
3 Tomaten und Eier achteln, Avocado in Spalten teilen. Den Rand der Platte damit garnieren.
4 Mayonnaise, Frühlingszwiebeln, Chilisauce, Worcestershiresauce, Cayennepfeffer, Petersilie und Zitronensaft in eine Schüssel geben und alles gut vermischen.
5 Zuletzt vorsichtig die geschlagene Sahne unterziehen.
6 Sauce Louis über das Krebsfleisch gießen und das Gericht servieren.

Empfohlene Weine
Corvo di Salaparuta, Torgiano bianco (Italien); Bourgogne blanc (Frankreich); kalifornischer Pinot blanc (USA); Mosel-Riesling (Deutschland)

Menüvorschlag
Garnelen-Risotto
▷ Crab Louis
Maronentrüffel

Gebratene Strandkrabben

Zubereitungszeit
2 Stunden und 30 Minuten

800 g lebende Strandkrabben
2 Eier
Salz
3 EL Weizenmehl
2 dl Öl

1 Die noch lebenden Strandkrabben ganz vorsichtig waschen und abtropfen lassen.
2 Die Eier in einer großen Schüssel verschlagen und salzen.
3 Strandkrabben hineingeben und die Schüssel mit einem großen Deckel verschließen. Alle 10 Minuten durchmischen. Nach 2 Stunden haben die Tiere die Eier aufgenommen und sind tot. Aus der Schüssel nehmen und im Mehl wenden.
4 Öl in einer großen Pfanne gut erhitzen und die Strandkrabben portionsweise darin goldbraun braten.
5 Zum Aufsaugen von überschüssigem Öl auf Küchenkrepp legen, salzen und heiß servieren.

Empfohlene Weine
Pinot bianco del Collio, Torbato (Italien); Muscadet (Frankreich); kalifornischer Pinot blanc (USA); Chenin blanc (Südafrika)

Menüvorschlag
▷ Gebratene Strandkrabben
Zackenbarsch in Orangensauce
Flambierte Ananas

Anmerkung der Redaktion: Diese Original-Zubereitung erscheint uns grausam. Wer ausgelöste Strandkrabben bekommt, sollte sie in Ei und Mehl wenden und, wie angegeben, in Öl ausbacken.

Scampi-Cocktail

Zubereitungszeit
30 Minuten
(plus 1 Stunde zum Kaltstellen)

20 Scampi, Salz
2 dl Mayonnaise
1½ EL Tomatenketchup
½ TL Worcestershiresauce
2 TL Cognac
1 Kopfsalat
krause Petersilie und Zitronenscheiben als Garnitur

1 Scampi in kochendem Salzwasser 5 Minuten garen. Abtropfen lassen, schälen und abkühlen lassen.
2 Mayonnaise mit Ketchup, Worcestershiresauce und Cognac in einer Schüssel vermischen.
3 Salat waschen, trockentupfen und die hellen Blätter fein schneiden.
4 Die Sauce unter die Scampi ziehen.
5 Vier Glasschalen mit den äußeren Salatblättern auslegen. Den feingeschnittenen Salat in die Mitte geben.
6 Scampi-Cocktail darauf verteilen und den Glasrand mit einer Zitronenscheibe und etwas krauser Petersilie garnieren. Vor dem Servieren 1 Stunde kalt stellen.

Empfohlene Weine
Gavi, Corvo di Salaparuta (Italien); Pouilly Fuissé (Frankreich); kalifornischer Chenin blanc (USA); Fumé blanc (Südafrika)

Menüvorschlag
▷ Scampi-Cocktail
Seezunge in Anissauce
Passionsfrucht-Sorbet

Scampi in der Schale

Zubereitungszeit
30 Minuten

20 Scampi
6 EL Öl
2 Knoblauchzehen
Salz und schwarzer Pfeffer
300 g enthäutete Tomaten
2 dl Weißwein
1 EL gehackte Petersilie

Empfohlene Weine
Spumante champenois del Trentino, Tokay del Collio (Italien); Champagne (Frankreich); kalifornischer Sauvignon blanc (USA); Riesling (Australien)

Menüvorschlag
Sardellen mit Reis
▷ Scampi in der Schale
Gratinierte Walderdbeeren

1 Scampi gründlich waschen und mit einem großen scharfen Messer auf der Oberseite fein einritzen.
2 Öl in einer großen Schwenkpfanne erhitzen.
3 Knoblauch grob hacken, in die Pfanne geben und 2 Minuten bei mittlerer Hitze dünsten.
4 Mit einem Schaumlöffel herausnehmen.
5 Scampi mit dem Rücken nach unten in die Pfanne legen.
6 Salzen, reichlich pfeffern und die feingehackten Tomaten hinzufügen. 2 Minuten schmoren.
7 Weißwein ergänzen und zugedeckt weitere 10 Minuten braisieren. Mit gehackter Petersilie bestreuen, erneut pfeffern und den Garvorgang weitere 2 Minuten ohne Deckel vollenden.

Für dieses Gericht wird kein Besteck aufgelegt. Die Scampi werden mit den Händen geöffnet und ausgesaugt. Daher sind Fingerschalen unerläßlich.

Krebse in Curry auf indische Art

Zubereitungszeit
1 Stunde und 10 Minuten

1 kg Krebse
Salz
½ Zwiebel
1 Tomate
3 EL Öl
4 EL Joghurt
1 TL Ingwer
½ rote Pfefferschote
1 TL Kurkuma
½ TL Kümmel
1 EL weißer Essig
½ TL Zucker
200 g Reis als Beilage

1 Krebse 3 Minuten in sprudelndem Salzwasser kochen und anschließend ausbrechen.
2 Zwiebel hacken. Tomate häuten und das Innere mit den Kernen entfernen.
3 Sämtliche Zutaten mit Ausnahme der Krebse, Zwiebel und Öl in der Küchenmaschine zu einer sämigen Sauce verrühren.
4 Öl in einer Pfanne erhitzen und die Krebse 5 Minuten darin schmoren. Herausnehmen und abtropfen lassen.
5 Im gleichen Fond die Zwiebel bei mittlerer Hitze 5 Minuten dünsten.
6 Die Sauce zufügen und alles zum Kochen bringen.
7 Hitze reduzieren und unter ständigem Rühren 8 Minuten köcheln und dabei leicht eindicken lassen.
8 Krebse hineingeben und 3 Minuten mitgaren. Auf gedämpftem Reis anrichten und mit Petersilie garnieren.

Empfohlene Weine
Spumante champenois dell'Oltrepò pavese, Pinot bianco del Collio (Italien); Champagne (Frankreich); kalifornischer Sauvignon blanc (USA); Chenin blanc (Südafrika)

Menüvorschlag
Marinierter Hering
▷ Krebse in Curry auf indische Art
Glasiertes Orangensoufflé

Schwimmende Flußkrebse

Pochierte Krebse auf französische Art

Zubereitungszeit
1 Stunde

1 Möhre, 1 Selleriestange
½ Zwiebel, 3 Schalotten
1 Lorbeerblatt
1 Stückchen Chilischote
½ l Weißwein
1 TL Thymian
1 TL Pfefferkörner
Cayennepfeffer
einige Anissamen
Salz
24 Flußkrebse

1 Möhre, Sellerie, Zwiebel und Schalotten fein schneiden.
2 Das zerkleinerte Gemüse zusammen mit dem Lorbeerblatt, Chili, Wein, Thymian, Pfefferkörnern, einer Prise Cayennepfeffer, Anis und Salz in einen Topf mit 1 l Wasser geben.
3 Aufwallen lassen, Hitze reduzieren und 20 Minuten köcheln lassen. Die Courtbouillon muß dabei stark einkochen.
4 Flußkrebse waschen und entdarmen: mit einem spitzen Messer in den Schwanz stechen und den dunklen Strang herausziehen.
5 Krebse in die Courtbouillon geben und zugedeckt bei mäßiger Hitze 12 Minuten bzw., bis sie eine rote Farbe annehmen, pochieren.
6 Herausnehmen, schälen und warm stellen. Die Courtbouillon durch ein Sieb gießen.
7 Flußkrebse zusammen mit der heißen Courtbouillon in tiefe Teller füllen und sofort servieren.

Empfohlene Weine
Lugana, Trebbiano di Romagna (Italien); Bordeaux blanc (Frankreich); kalifornischer Chenin blanc (USA); Chardonnay (Neuseeland)

Menüvorschlag
▷ Schwimmende Flußkrebse
Potted crabs
Sandgebäck

Garnelen-Risotto

Zubereitungszeit
1 Stunde

400 g Garnelen
1 Möhre
1 Selleriestange
Salz
½ Zwiebel
60 g Butter
2 EL Öl
280 g Reis
1 dl Weißwein
Pfeffer
1 EL gehackte Petersilie

Empfohlene Weine
Pinot blanc del Collio, Regaleali bianco (Italien); Bourgogne blanc (Frankreich); kalifornischer Fumé blanc (USA); Chenin blanc (Neuseeland)

Menüvorschlag
▷ Garnelen-Risotto
Zackenbarsch mit Sauce Tarator
Passionsfrucht-Sorbet

1 Garnelen schälen.
2 Köpfe und Schalen in 5 Schöpfkellen Wasser zusammen mit den Möhrenscheiben, Selleriestückchen und einer Prise Salz 5 Minuten kochen.
3 Garnelenköpfe mit einem Holzlöffel zerdrücken und den Sud durch ein Sieb gießen.
4 Zwiebel fein hacken und in einem größeren Topf in 20 g Butter und 1 dl Wasser mit einer Prise Salz andünsten.
5 Inzwischen in einer kleinen Pfanne 20 g Butter zerlassen, Öl und Garnelen zugeben, salzen und bei milder Hitze 5 Minuten schmoren.
6 Solange die Zwiebel noch nicht braun ist, den Reis zufügen, 1 dl Wein ergänzen und bei stärkerer Hitze unter ständigem Rühren den Reis 2 Minuten anrösten.
7 Glattstreichen, Sud zugießen und den Reis bei mittlerer Hitze beinahe aufkochen lassen, dabei nicht rühren. Einige Minuten, bevor Sie die Hitze herunterschalten, die Garnelen hineingeben, pfeffern und durchmischen. Dabei muß der Reis schön geschmeidig bleiben.
8 Herd ausschalten. Das Gericht mit der restlichen Butter verfeinern, mit feingehackter Petersilie bestreuen und 1 Minute energisch mit dem Holzlöffel umrühren. Vor dem Servieren zugedeckt 2 Minuten ruhen lassen.

1

2

3

4

5

6

7

8

Garnelen-Cocktail

Zubereitungszeit
30 Minuten
(plus 40 Minuten zum Kaltstellen)

800 g Garnelen, Salz
1 dl Chilisauce
1 dl Ketchup
½ EL geriebener Meerrettich
2 TL Zitronensaft
1 Kopfsalat
krause Petersilie
und Zitronenscheiben als Garnitur

1 Garnelen in kochendem Salzwasser 3 Minuten garen.
2 Abtropfen lassen, schälen und in den Kühlschrank stellen.
3 In einer kleinen Schüssel die Chilisauce mit Ketchup, Meerrettich und Zitronensaft vermischen. Kalt stellen.
4 Die Hälfte des Salats feinstreifig schneiden.
5 Mit dem restlichen Salat vier Schalen auslegen, so daß die Blätter am Rand überstehen. Den zerkleinerten Salat in die Mitte geben und die Garnelen darauf verteilen.
6 Die zuvor zubereitete Sauce darübergießen und glattstreichen.
7 Mit Zitronenscheiben und Petersilie garnieren. Vor dem Servieren 40 Minuten in den Kühlschrank stellen.

Empfohlene Weine
Pinot bianco del Collio, Lugana (Italien); Chablis (Frankreich); kalifornischer Chenin blanc (USA); Mosel-Riesling (Deutschland)

Menüvorschlag
▷ Garnelen-Cocktail
Aalsuppe
Mandelhippen

Garnelen auf kreolische Art

Zubereitungszeit
40 Minuten

800 g Garnelen
2 kleine Zwiebeln
1 Selleriestange
1 kleine, grüne Paprikaschote
1 Knoblauchzehe
300 g reife Tomaten
160 g Patnareis
1½ EL Öl
45 g Butter
½ Lorbeerblatt
1 Prise Thymian
1 TL Paprikapulver
2 Tropfen Tabasco
Salz

1 Garnelen schälen und waschen.
2 Zwiebeln und Sellerie hacken. Paprikaschote fein würfeln, Knoblauch hacken. Tomaten entkernen und zerkleinern.
3 Reis 16 Minuten in Dampf garen.
4 Öl und Butter in einer Pfanne erhitzen. Zwiebeln, Sellerie und Paprikaschote 5 Minuten darin dünsten. Knoblauch 1 weitere Minute mitschmoren.
5 Lorbeerblatt, Thymian, Paprikapulver, Tabasco und Tomaten zufügen und salzen.
6 Alles zum Kochen bringen, Hitze reduzieren und 15 Minuten weiterköcheln lassen.
7 Garnelen hineingeben und 4 Minuten mitgaren. Mit der Sauce und dem Reis anrichten und servieren.

Empfohlene Weine
Vermentino, Frascati (Italien); Montrachet (Frankreich); kalifornischer Johannisberg Riesling (USA); Rhein-Riesling (Deutschland)

Menüvorschlag
▷ Garnelen auf kreolische Art
Zahnbrassen mit Oliven
Zabaione

Garnelen-Pilaw

Zubereitungszeit
30 Minuten

80 g Butter, 260 g Patnareis
½ l Gemüsebrühe, evtl. mehr
1 Lorbeerblatt
150 g Garnelen
Salz
Pfeffer
1 EL gehackte Petersilie

1 In einem Topf 40 g Butter zerlassen und den Reis darin auf lebhaftem Feuer 2 Minuten glasig werden lassen.
2 Mit ½ l heißer Gemüsebrühe aufgießen. Das Lorbeerblatt, das nach 5 Minuten wieder herausgenommen wird, hineingeben. Zugedeckt zum Kochen bringen, ohne dabei umzurühren. Der Reis muß, wenn er fertig ist, noch Biß haben.
3 Inzwischen die Garnelen schälen, waschen und trockentupfen. Die restliche Butter in einem Topf zerlassen, Garnelen dazugeben, salzen und 5 Minuten sautieren.
4 Den »al dente« gekochten Reis vom Herd nehmen und die Garnelen untermischen. Petersilie und Pfeffer einrühren. Das Gericht auf eine Platte anhäufen und mit einigen Garnelen garnieren.

Empfohlene Weine
Pinot bianco di Franciacorta, Riesling dell'Oltrepò pavese (Italien); Muscadet (Frankreich); kalifornischer Chenin blanc (USA); Fumé blanc (Südafrika)

Menüvorschlag
▷ Garnelen-Pilaw
Aal grün
Mandel-Anis-Plätzchen

Süßwasserfische

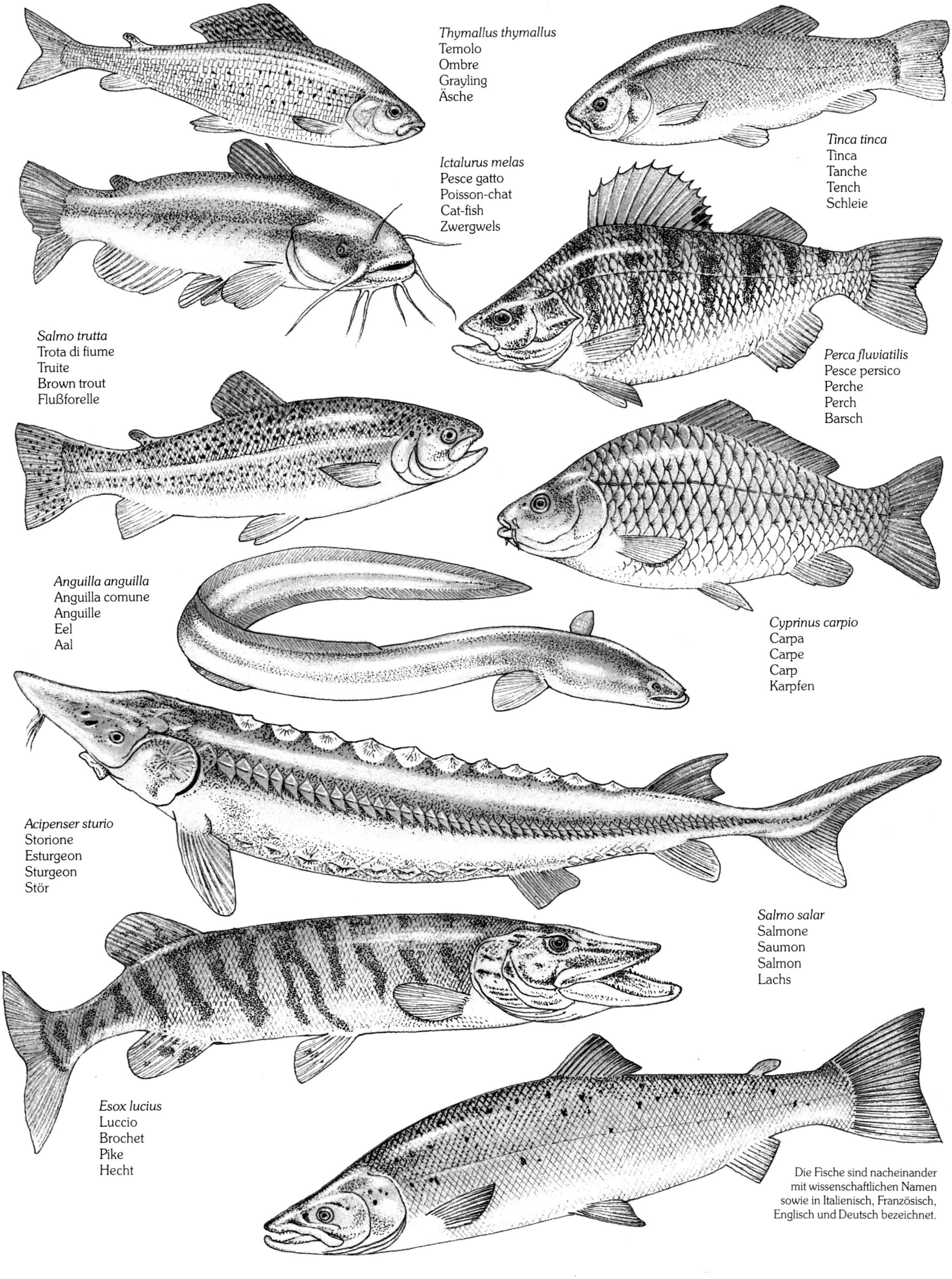

Thymallus thymallus
Temolo
Ombre
Grayling
Äsche

Tinca tinca
Tinca
Tanche
Tench
Schleie

Ictalurus melas
Pesce gatto
Poisson-chat
Cat-fish
Zwergwels

Salmo trutta
Trota di fiume
Truite
Brown trout
Flußforelle

Perca fluviatilis
Pesce persico
Perche
Perch
Barsch

Anguilla anguilla
Anguilla comune
Anguille
Eel
Aal

Cyprinus carpio
Carpa
Carpe
Carp
Karpfen

Acipenser sturio
Storione
Esturgeon
Sturgeon
Stör

Salmo salar
Salmone
Saumon
Salmon
Lachs

Esox lucius
Luccio
Brochet
Pike
Hecht

Die Fische sind nacheinander mit wissenschaftlichen Namen sowie in Italienisch, Französisch, Englisch und Deutsch bezeichnet.

Kedgeree

Lachs mit Reis auf englische Art

Zubereitungszeit
1 Stunde und 30 Minuten

90 g Butter
45 g Weizenmehl
3 dl Fischfumet (Seite 181)
1 dl Sahne
Salz und Pfeffer
600 g Lachs
1 kleine Zwiebel
160 g Reis
1 EL Curry
2 hartgekochte Eier
1 EL gehackte Petersilie

1 Béchamelsauce zubereiten: 45 g Butter in einem Topf zerlassen und das Mehl bei milder Hitze 1 Minute darin anschwitzen. Fischfumet dazugeben, aufwallen lassen und die Sahne ergänzen. 3 Minuten unter ständigem Rühren mit dem Schneebesen kochen. Salzen und pfeffern.
2 Lachs häuten und entgräten. In 5 cm große Stücke teilen.
3 Den Fisch 10 Minuten in 2 EL Wasser, mit 25 g Butter verfeinert, pochieren. Anschließend salzen.
4 Die gehackte Zwiebel in 20 g Butter dünsten. Reis zugeben und 2 Minuten glasig werden lassen. ½ l kochendes Wasser und Salz zufügen. Aufwallen lassen, Hitze reduzieren und 15 Minuten köcheln lassen.
5 Die Béchamelsauce mit Curry und Pfeffer abschmecken. Umrühren, Lachs hineingeben und 2 Minuten weitergaren. Eier hacken. Reis, gehacktes Ei und Béchamelsauce mit Lachs abwechselnd schichtweise auf eine Platte geben und mit Petersilie bestreuen.

Empfohlene Weine
Ischia bianco, Bianchello del Metauro (Italien); Muscadet (Frankreich); kalifornischer Pinot blanc (USA); Rhein-Riesling (Deutschland)

Menüvorschlag
Schwimmende Flußkrebse
▷ Kedgeree
Bayerische Himbeercreme

Gravlax

Lachs auf schwedische Art

Zubereitungszeit
1 Stunde
(plus 1 Tag Ruhezeit für den Lachs)

1 Bund Dill (40 g)
5 Pfefferkörner
800 g frischer Lachs
45 g Zucker
30 g grobes Meersalz
2 EL Dijon-Senf
2 EL weißer Essig
1 dl Öl
Zitrone als Garnitur

Empfohlene Weine
Spumante champenois del Trentino, Terlano dell'Alto Adige (Italien); Champagne (Frankreich); kalifornischer Pinot blanc (USA); Rhein-Silvaner (Deutschland)

Menüvorschlag
▷ Gravlax
Venusmuschelsuppe New England
Gratinierte Walderdbeeren

1 Dill waschen, trockentupfen und hacken. Pfefferkörner zerstoßen.
2 Lachs längs halbieren und die Mittelgräte entfernen, nicht häuten. Waschen und gut trockentupfen.
3 Die Würzmischung zubereiten: In einer Schüssel 30 g Zucker mit dem Salz und den zerdrückten Pfefferkörnern vermengen.
4 Eine Lachshälfte mit der Hautseite nach unten auf eine ovale Platte legen. Mit 30 g Dill und der Würzmischung bestreuen. Die andere Lachshälfte mit der Hautseite nach oben darauflegen.
5 Mit Aluminiumfolie abdecken, eine zweite Platte darüberlegen und mit einem Gewicht von ca. 3 kg beschweren. Mindestens 24 Stunden in den Kühlschrank stellen. Nach 12 Stunden den Lachs wenden und mit der sich bildenden Beizflüssigkeit begießen.
6 Lachs herausnehmen, gründlich säubern und trockentupfen. Die beiden Hälften auf ein Brett legen und schräg in Scheiben schneiden, wobei die Haut auf dem Brett zurückbleibt.
7 Inzwischen die Sauce zubereiten: Senf, den restlichen Zucker und den Essig vermischen. Nach und nach das Öl zufügen und zuletzt den restlichen Dill untermischen.
8 Lachsscheiben dachziegelartig auf einer Platte anrichten, mit der Sauce überziehen und mit Zitronenspalten garnieren. Die restliche Sauce separat reichen.

1

2

3

4

5

6

7

8

Lachs-Kulibiak

Russische Hefeteigpastete mit Lachs

Zubereitungszeit
1 Stunde und 30 Minuten

250 g frischer Lachs
Salz, ½ TL Paprika
½ TL Dill
½ dl Weißwein
Saft von ½ Zitrone
100 g Butter, 3 Schalotten
40 g Reis
½ l Hühnerbrühe
2 Eier, 1 EL Petersilie
Pfeffer, 100 g Champignons
2 EL Schnittlauch
400 g Briocheteig
(Seite 181)
dazu zerlassene Butter oder saure Sahne

Empfohlene Weine
Greco di Tufo, Silvaner dell'Alto Adige (Italien); Montrachet (Frankreich); kalifornischer Chardonnay (USA); Rhein-Riesling (Deutschland)

Menüvorschlag
Meeresfrüchte-Salat
⇨ Lachs-Kulibiak
Schneebällchen

1 Lachs in Stücke schneiden und in eine eingefettete Ofenform legen. Mit Salz, Paprika und Dill bestreuen. Wein und Zitronensaft zugießen. Mit Stanniolpapier abdecken und 15 Minuten im Ofen bei 180 °C braisieren.
2 20 g Butter in einem kleinen Topf zerlassen und 2 feingehackte Schalotten 1 Minute darin andünsten. Reis zufügen, 1 Minute anrösten, mit Brühe auffüllen und 15 Minuten kochen.
3 1 hartgekochtes, gehacktes Ei, Petersilie, Salz und Pfeffer dazugeben.
4 In einem zweiten Topf 20 g Butter zerlassen und die dritte fein zerkleinerte Schalotte mit den gehackten Pilzen 6 Minuten anschmoren. Salzen und Schnittlauch zufügen.
5 Den Briocheteig mit einem Nudelholz zu einem 5 mm starken Rechteck ausrollen. In der Mitte des Teigstücks folgende Lagen abwechselnd dressieren: Reis, Lachs, Pilze. Dabei einen ausreichend breiten Rand freilassen.
6 Eine Längsseite mit 1 verschlagenen Ei bepinseln und die beiden Längsseiten zur Mitte über die Garnitur klappen, die Ränder leicht zusammendrücken.
7 Die Rolle auf ein gebuttertes Backblech legen. Aus den Teigresten Blätter oder Blüten zur Dekoration formen; mit dem Ei bepinseln. Zwei Öffnungen in die Rolle machen, damit der beim Backen entstehende Dampf entweichen kann.
20–30 Minuten ruhen lassen. Bei 210 °C 10 Minuten im Ofen backen, dann auf 190 °C herunterschalten und den Garvorgang weitere 30 Minuten fortsetzen.
8 15 Minuten auskühlen lassen, anschließend durch die Öffnungen die restliche zerlassene Butter einlaufen lassen. Den Kulibiak mit zerlassener Butter oder saurer Sahne servieren.

Marinierter Lachs

Zubereitungszeit
30 Minuten
(plus 2 Stunden Ruhezeit für den Lachs und 24 Stunden zum Marinieren)

1 Lachs (1 kg)
Salz
2 Zwiebeln
½ Chilischote
2 Lorbeerblätter
20 g Curry
½ TL Kurkuma
6 schwarze Pfefferkörner
½ l Weinessig
1 EL Zucker

1 Lachs säubern und in Scheiben schneiden.
2 Mit Salz bestreuen und mindestens 2 Stunden ruhen lassen.
3 Zwiebeln in feine Scheiben schneiden. Chili zerkleinern.
4 Lachsscheiben 4 Minuten dämpfen und anschließend salzen.
5 Zwiebelscheiben, Lorbeerblätter, Chili, Curry, Kurkuma, Pfeffer, Essig und Zucker zusammen in einen Topf geben und 15 Minuten durchkochen.
6 Die Lachsscheiben in ein Tongefäß legen und mit der warmen Sauce bedecken.
7 Erkalten lassen, zudekken und vor dem Servieren 24 Stunden marinieren.

Empfohlene Weine
Pinot bianco di Franciacorta, Torbato (Italien); Muscadet (Frankreich); kalifornischer Pinot blanc (USA); Mosel-Riesling (Deutschland)

Menüvorschlag
⇨ Marinierter Lachs
Schleie mit Erbsen
Pfirsichspeise mit Zabaione

Lachsmousse

Zubereitungszeit
1 Stunde
(plus 5 Stunden Ruhezeit)

400 g frischer Lachs
½ l Courtbouillon
(Seite 181)
1½ Blatt Gelatine
3 EL Sherry
2 EL Zitronensaft
Pfeffer
2 dl Sahne, 3 Eiweiß
2 EL Öl
Gurken- und
Zitronenscheiben als
Garnitur

1 Lachs in eine feuerfeste Form legen, Courtbouillon dazugießen, mit Aluminiumfolie abdecken und im Ofen bei 180 °C 20 Minuten pochieren.
2 Fisch abkühlen lassen, häuten und entgräten. In Stücke teilen und in der Küchenmaschine pürieren. Die nach Vorschrift kalt eingeweichte und bei milder Hitze in 1 dl Courtbouillon gelöste Gelatine zufügen.
3 Sherry, Zitronensaft und Pfeffer untermischen und alles glattrühren.
4 Die Sahne mit der Hand schlagen, jedoch nicht zu fest werden lassen. Eiweiß zu Schnee schlagen und alles unter die pürierte Mischung ziehen.
5 Eine Form mit Öl auspinseln. Die Masse hineinfüllen und mindestens 5 Stunden in den Kühlschrank stellen.
6 Herausnehmen und stürzen. Lachsmousse mit Gurken- und halben Zitronenscheiben garniert servieren.

Empfohlene Weine
Sauvignon del Collio, Spumante champenois del Trentino (Italien); Champagne (Frankreich); kalifornischer Chardonnay (USA); Pinot Riesling (Australien)

Menüvorschlag
▷ Lachsmousse
Venusmuschel-Bällchen
Nußeis-Schnitten

Blinis mit Kaviar

Kaviar auf russische Art

Zubereitungszeit
1 Stunde
(plus 5 Stunden und 30 Minuten Ruhezeit)

5 g frische Hefe
50 g Weizenmehl
2 dl Milch
1 Ei, 40 g Butter
40 g Buchweizenmehl
Salz, ½ TL Zucker
120 g saure Sahne
80 g Kaviar
zerlassene Butter

1

2

3

4

5

6

1 Hefe in 1 dl lauwarmem Wasser lösen und anschließend 10 Minuten ruhen lassen. Weizenmehl in eine Schüssel geben und die gelöste Hefe mit 1 dl lauwarmer Milch gut untermischen. Zugedeckt bei Zimmertemperatur 3 Stunden gehen lassen.
2 Das Eigelb, die restliche lauwarme Milch, 20 g zerlassene Butter, Buchweizenmehl, Salz und Zucker zufügen. Durchmischen und zugedeckt weitere 2 Stunden ruhen lassen.
3 60 g saure Sahne eßlöffelweise dazugeben und das zu Schnee geschlagene Eiweiß unterziehen. Nochmals ½ Stunde ruhen lassen.
4 20 g Butter zerlassen und die Förmchen damit ausschwenken.
5 3 EL Teig in jedes Förmchen füllen. Im Ofen bei Mittelhitze (180 °C) 20 Minuten backen, wobei der Teig leicht aufgeht.
6 Blinis aus den Förmchen nehmen und auf einem Teller anrichten. Mit etwas Kaviar garnieren und dazu die restliche saure Sahne und zerlassene Butter reichen.

Empfohlene Weine
Terlano dell'Alto Adige, Ribolla dei Colli Orientali del Friuli (Italien); Montrachet (Frankreich); kalifornischer Johannisberg Riesling (USA); Rhein-Silvaner (Deutschland)

Menüvorschlag
▷ Blinis mit Kaviar
Languste auf katalanische Art
Nußeis-Schnitten

Alse mit Sauerampfer

Zubereitungszeit
1 Stunde

300 g Sauerampfer
60 g Butter
2 Schalotten
Salz und Pfeffer
2½ EL Sahne
2 hartgekochte Eier
1 EL gehackte Petersilie
1 Alse (1 kg)
1 dl Weißwein
Weiße Butter
(Seite 181)

Empfohlene Weine
Riesling renano dei Colli Orientali del Friuli, Montecarlo bianco (Italien); Graves blanc (Frankreich); kalifornischer Pinot blanc (USA); Sauvignon blanc (Südafrika)

Menüvorschlag
Sardinen in »saòr«
▷ Alse mit Sauerampfer
Mandelhippen

1 Sauerampfer putzen, waschen und fein schneiden.

2 40 g Butter in einer Pfanne zerlassen und die feingehackten Schalotten 4 Minuten darin dünsten.

3 Sauerampfer dazugeben und ca. 10 Minuten mitdünsten, bis das aus dem Gemüse austretende Wasser verdampft ist.

4 Salzen und pfeffern. Mit der Sahne verfeinern, aufwallen lassen und 1 Minute weiterkochen.

5 Eier hacken und zusammen mit der Petersilie zu der Mischung geben.

6 Die Alse schuppen, säubern und waschen. Mit der Farce füllen und anschließend gut zunähen.

7 Den Fisch in eine mit Butter ausgestrichene Form legen, Butterflöckchen darüber verteilen und Weißwein zugießen. Mit eingefetteter Aluminiumfolie bedekken.

8 25 Minuten im Ofen bei 190 °C pochieren, dabei den Fisch gelegentlich mit der Garflüssigkeit begießen. Mit Weißer Butter, die getrennt gereicht wird, zu Tisch bringen.

Alse mit frischen Datteln

Zubereitungszeit
1 Stunde und 30 Minuten

1 Alse (1,2 kg)
60 g abgezogene Mandeln
200 g frische Datteln
½ Zwiebel
50 g Weizengrieß
Salz
½ EL Zucker
1 Prise Ingwer
50 g Butter
Pfeffer
1 Prise Zimt

1 Alse ausnehmen, unter fließendem Wasser waschen und trockentupfen.
2 Mandeln hacken, Datteln entkernen und die Zwiebel in feine Scheiben schneiden.
3 Weizengrieß in 2 dl Salzwasser 10 Minuten kochen und abkühlen lassen.
4 Mandeln, Zucker, Weizengrieß, Ingwer, 30 g zerlassene Butter und eine Prise Pfeffer in einer Schüssel vermischen. Die Alse damit füllen und anschließend gut zunähen.
5 Eine feuerfeste Form mit Butter ausstreichen und mit den Zwiebelscheiben auslegen. Den Fisch hineingeben, Butterflöckchen darüber verteilen, 1 dl Wasser zufügen, salzen und pfeffern. Bei 180 °C im Ofen 20 Minuten garziehen lassen. Die Datteln um den Fisch anordnen.
6 Erneut so lange in den Ofen schieben, bis der Kochfond völlig verdampft und karamelisiert ist und die Haut knusprig wird. Mit Zimt bestreuen und servieren.

Empfohlene Weine
Pinot dell'Oltrepò pavese, Torbato (Italien); Graves blanc (Frankreich); kalifornischer Pinot blanc (USA); Riesling (Australien)

Menüvorschlag
Spaghetti mit Venusmuscheln
▷ Alse mit frischen Datteln
Halbgefrorenes aus Ananas

Geschmorter Stör

Zubereitungszeit
1 Stunde

4 Störstücke (1 kg)
8 EL Öl
Salz
2 dl Weißwein
1 Selleriestange
1 Zwiebel
200 g enthäutete Tomaten
1 Lorbeerblatt
1 Knoblauchzehe
2 eingesalzene Sardellen
schwarzer Pfeffer

1 Fisch waschen und trockentupfen. Das Öl in einer Schwenkpfanne erhitzen und die Scheiben darin 5 Minuten auf jeder Seite anbraten. Salzen, mit der Hälfte des Weins auffüllen und 5 Minuten weitergaren. Die Fischstücke herausnehmen und warm stellen.
2 Sellerie in kleine Stücke teilen, Zwiebel in feine Scheiben schneiden und beides 5 Minuten im Schmorfond dünsten.
3 Die gehackten Tomaten zusammen mit dem restlichen Wein, dem Lorbeerblatt und der zerstoßenen Knoblauchzehe dazugeben und 15 Minuten kochen lassen.
4 Die Fischstücke wieder hineinlegen und die gewässerten, gewaschenen und fein zerkleinerten Sardellen zufügen. Mit Pfeffer abschmecken und den Garvorgang in 10–15 Minuten vollenden.
5 Den Fisch auf dem Gemüse anrichten und mit dem Schmorfond nappieren.

Empfohlene Weine
Orvieto, Pinot bianco di Franciacorta (Italien); Meursault (Frankreich); kalifornischer Pinot blanc (USA); Chardonnay (Australien)

Menüvorschlag
Jakobsmuscheln in Riesling
▷ Geschmorter Stör
Erdbeeren und Bananen mit Zitrone

Gefüllter Hecht

Zubereitungszeit
1 Stunde und 15 Minuten (plus 45 Minuten zum Einweichen der Pflaumen)

6 Backpflaumen
1 Hecht (1 kg)
Salz
100 g Reis
2 hartgekochte Eier
50 g Butter
Pfeffer
2 EL Paniermehl
gedämpfter Reis und Backpflaumen als Beilage

Empfohlene Weine
Lugana, Montecarlo bianco (Italien); Chassagne Montrachet (Frankreich); kalifornischer Chardonnay (USA); Fumé blanc (Südafrika)

Menüvorschlag
Garnelen-Cocktail
▷ Gefüllter Hecht
Flambierte Ananas

1 Backpflaumen 45 Minuten in lauwarmem Wasser einweichen. Abtropfen lassen und fein hacken.
2 Hecht schuppen, ausnehmen, waschen und trockentupfen. Anschließend mit Salz bestreuen.
3 Den Reis in Salzwasser kochen, so daß er noch Biß hat. Hartgekochte Eier zerkleinern.
4 Hecht mit einer Mischung aus dem Reis, Eistückchen, Pflaumen, 30 g Butter, Salz und Pfeffer füllen.
5 Mit Küchenzwirn zunähen.
6 Im Paniermehl wenden.
7 Eine Bratform mit Butter ausstreichen und den gefüllten Hecht hineingeben. Mit Butterflöckchen belegen.
8 10 Minuten im Ofen bei 150 °C backen, den Garvorgang 10 Minuten bei 200 °C fortsetzen. Zwirn entfernen. Den Fisch auf einem Reisbett mit Backpflaumen anrichten.

Hecht-Quenelles

Zubereitungszeit
1 Stunde und 30 Minuten

1 Hecht (600 g)
40 g Butter
50 g Weizenmehl
2 Eier, 2 Eiweiß
1 Prise Muskat
Salz und Pfeffer
1,5 dl Sahne

Empfohlene Weine
Trebbiano di Romagna, Torgiano bianco (Italien); Chablis (Frankreich); kalifornischer Sauvignon blanc (USA); Mosel-Riesling (Deutschland)

Menüvorschlag
▷ Hecht-Quenelles
Steinbutt mit Scampisauce
Rhabarberauflauf

1

2

3

4

5

6

7

8

1 Hecht waschen und filetieren.
2 Eine Mehlschwitze zubereiten: Die Butter mit 1 dl Wasser in einen Topf geben. Aufwallen lassen und die Butter auflösen. Vom Herd nehmen, Mehl einrühren und wieder 1 Minute auf die Herdplatte stellen. Erneut vom Herd nehmen und 1 Ei einrühren. Abkühlen lassen.
3 Hechtfilets zusammen mit dem zweiten Ei, den Eiweiß, Muskat, der Mehlschwitze, Salz und Pfeffer im Mixer pürieren.
4 Mit der Sahne verfeinern und nochmals ½ Minute durchrühren.
5 Die Masse durch ein Spitzsieb streichen.
6 Mit Hilfe von zwei Eßlöffeln die Quenelles formen: Etwas Teig auf den Löffel nehmen und mit dem zweiten Löffel, der zuvor in Wasser getaucht wird, abrunden. In einen Topf mit reichlich siedendem Salzwasser gleiten lassen.
7 15 Minuten garziehen lassen, wobei die Quenelles zur doppelten Größe aufquellen. Zum Abtropfen auf Küchenkrepp legen.
8 Die Quenelles in eine feuerfeste Form legen, mit der Nantua-Sauce (Seite 182) nappieren und bei 190 °C 10 Minuten im Ofen gratinieren.

Forelle blau

Zubereitungszeit
40 Minuten

4 lebende Forellen (1 kg)
1 Zwiebel
1 Möhre
1 Selleriestange
½ l Weißwein
1 dl Essig
Lorbeer
Thymian
Salz und 8 schwarze Pfefferkörner
Salzkartoffeln als Beilage

1 Forellen mit dem Nacken gegen die Tischkante schlagen. Für dieses Gericht sind lebende Forellen unerläßlich, denn nur frisch getötete Fische nehmen beim Kochen eine schöne blaue Farbe an. Forellen ausnehmen, ohne sie zu waschen.
2 Einen Topf zu einem Drittel mit Wasser auffüllen. Das kleingeschnittene Gemüse, den Wein, Essig, Lorbeer, Thymian, Pfefferkörner und reichlich Salz zugeben und 20 Minuten kochen lassen.
3 Die Forellen in die Courtbouillon legen und bei milder Hitze 4–7 Minuten pochieren.
4 Anschließend noch einige Minuten im Fischsud ziehen lassen.
5 Auf vorgewärmten Tellern mit Salzkartoffeln oder gedämpften Kartoffeln anrichten und mit zerlassener Butter oder Holländischer Sauce (Seite 182) begießen.

Empfohlene Weine
Lugana, Bianchello del Metauro (Italien); Bourgogne blanc (Frankreich); kalifornischer Chenin blanc (USA); Chardonnay (Australien)

Menüvorschlag
Jakobsmuscheln in Riesling
▷ Forelle blau
Pfirsichspeise mit Zabaione

Aal grün

Zubereitungszeit
1 Stunde

100 g Sauerampfer
2 EL Petersilie
1 TL frischer Estragon
3 Salbeiblätter
2 Aale (1 kg)
60 g Butter
Salz
Pfeffer
3 dl Weißwein
2 Eigelb
1½ EL Zitronensaft

1 Sauerampfer waschen und fein schneiden. Petersilie, Estragon und Salbei hacken.
2 Aale säubern, die Enden abtrennen. Enthäuten, waschen und in 6 cm lange Stücke schneiden.
3 Zusammen mit der Butter in einen Topf geben und 5 Minuten anbräunen. Sauerampfer und die gehackten Kräuter zufügen, salzen und pfeffern, Weißwein ergänzen.
4 Alles zum Kochen bringen, Hitze reduzieren und 15 Minuten köcheln lassen. Die Aalstücke herausnehmen und auf einer Platte anrichten.
5 Die Eigelb mit etwas von der heißen Kochflüssigkeit verquirlen und in den Topf geben.
6 Den Kochvorgang bei mäßiger Hitze 3 Minuten fortsetzen, dabei ständig rühren. Den Zitronensaft zugießen und die Sauce eindicken lassen.
7 Sauce über den Aal verteilen, abkühlen lassen und servieren.

Empfohlene Weine
Ribolla dei Colli Orientali del Friuli, Vernaccia di San Gimignano (Italien); Sancerre (Frankreich); kalifornischer Johannsiberg Riesling (USA); Rhein-Riesling (Deutschland)

Menüvorschlag
Seespinne auf venezianische Art
➪ Aal grün
Bayerische Ananascreme mit Erdbeer-Coulis

Aalsuppe

Zubereitungszeit
1 Stunde und 20 Minuten (plus 1 Stunde zum Einweichen der Pflaumen)

1 Schinkenknochen
100 g Möhren, ½ Zwiebel
100 g Sellerie
150 g Blumenkohl
100 g Erbsen
100 g Backpflaumen
Salz, 1 Aal (500 g)
1 dl Weinessig
Lorbeer, Thymian und Petersilie
150 g Weizenmehl
2 Eier, 20 g Butter
Pfeffer

Empfohlene Weine
Silvaner dell'Alto Adige, Montecarlo bianco (Italien); Gewürztraminer d'Alsace (Frankreich); kalifornischer Gewürztraminer (USA); Müller-Thurgau (Neuseeland)

Menüvorschlag
▷ Aalsuppe
Thunfisch à la chartreuse
Rhabarberauflauf

1 Schinkenknochen mit reichlich Wasser in einen Topf geben und bei mäßiger Hitze 20 Minuten schwach kochen lassen, gelegentlich abschäumen.
2 Möhren, Zwiebel und Sellerie klein schneiden. Blumenkohl in Röschen brechen.
3 Die Gemüsesorten ihren Garzeiten entsprechend in den Topf geben: Zunächst Möhren, Sellerie, Erbsen und Zwiebel; nach 5 Minuten den Blumenkohl und die eingeweichten Pflaumen. Salzen und 15 Minuten kochen lassen.
4 Aal abziehen und in 4 cm lange Stücke teilen. Diese mit dem Essig, Lorbeer, Thymian, Petersilie und ein wenig Wasser in einen Topf geben und 10 Minuten pochieren.
5 Den Knochen aus der Brühe nehmen. Die Schinkenstückchen auslösen, hacken und zur Brühe geben.
6 Den Teig für die Klößchen zubereiten: Das Mehl mit den Eiern, Butter, Salz und eventuell etwas Wasser verkneten.
7 Den Teig 5 Minuten bearbeiten und kleine Klößchen daraus formen (siehe Abbildung). In kochendem Salzwasser 5 Minuten garziehen lassen.
8 Aalstücke und Klößchen zur Brühe geben, alles noch 3 Minuten leise köcheln lassen. Mit Pfeffer abschmekken und servieren.

Aaltorte

Zubereitungszeit
1 Stunde und 20 Minuten

1 Aal (1 kg)
80 g Butter
1 große Schalotte
2 dl Marsala Vergine
1 Prise Muskat
1 EL gehackte Petersilie
Salz und Pfeffer
50 g Weizenmehl
Saft von ½ Zitrone
2 hartgekochte Eier
60 g Blätterteig (Seite 181)

1 Aal waschen und enthäuten. Längs halbieren und die Mittelgräte entfernen. Hälften in 4 cm lange Stücke teilen.
2 30 g Butter in einer Schwenkpfanne zerlassen und die gehackte Schalotte darin andünsten. Marsala, Muskat, Petersilie, 2 dl Wasser, Salz und Pfeffer zufügen und alles 4 Minuten durchkochen.
3 Die Aalstücke in eine gut eingefettete feuerfeste Form legen.
4 In einem Topf 45 g Butter zerlassen, Mehl zufügen und 1 Minute bei mäßiger Hitze anschwitzen.
5 Die Marsala-Mischung und den Zitronensaft dazugeben und unter ständigem Rühren mit dem Schneebesen aufwallen lassen. Anschließend 3 Minuten leise köcheln lassen.
6 Den Aal damit übergießen, mit Eischeiben belegen und mit dem Blätterteig bedecken. 10 Minuten im Ofen bei 230 °C backen, Temperatur auf 180 °C herunterschalten und nach ½ Stunde aus dem Ofen nehmen.

Empfohlene Weine
Lugana, Soave (Italien); Pouilly Fuissé (Frankreich); kalifornischer Chardonnay (USA); Mosel-Riesling (Deutschland)

Menüvorschlag
Marinierter Hering
▷ Aaltorte
Birnentorte

Aal auf venezianische Art

Zubereitungszeit
1 Stunde

1 Aal (1 kg)
4 EL Öl
Salz, 1 Lorbeerblatt
1 dl Weißwein
2 EL Essig
1 Zwiebel
300 g enthäutete Tomaten
1 Knoblauchzehe
schwarzer Pfeffer

Empfohlene Weine
Spumante champenois dell'Oltrepò pavese, Silvaner dell'Alto Adige (Italien); Sancerre (Frankreich); kalifornischer Sauvignon blanc (USA); Rhine Riesling (Südafrika)

Menüvorschlag
Garnelen-Cocktail
▷ Aal auf venezianische Art
Erdbeeren und Bananen mit Zitrone

1 Aal säubern, enthäuten und in 6 cm lange Stücke teilen.
2 In einer Schwenkpfanne 1 EL Öl leicht erwärmen. Aal hineinlegen, salzen und mit dem zerkleinerten Lorbeerblatt bestreuen. Etwas Wein und den Essig zufügen und den Fisch 4 Minuten pochieren.
3 Vom Herd nehmen und die Aalstücke auf Küchenkrepp legen.
4 Die Zwiebel fein hacken und in 2 El Öl 2 Minuten in einer Pfanne dünsten.
5 Zusammen mit den zerkleinerten Tomaten weitere 10 Minuten schmoren.
6 Die Sauce durch ein Spitzsieb streichen und in einer Schüssel beiseite stellen.
7 Den Aal mit dem restlichen Wein in einer Kasserolle 2 Minuten garziehen lassen. Den Kochvorgang nach Zugabe der Sauce weiter 5 Minuten fortsetzen.
8 Knoblauch sehr fein würfeln und mit 1 EL Öl in einem Pfännchen bei niedrigster Temperatur 2 Minuten goldbraun anschwitzen. Zum Aal geben, pfeffern und servieren.

Karpfen auf jüdische Art

Zubereitungszeit
1 Stunde und 15 Minuten

1 Karpfen (1,2 kg)
80 g geschälte Mandeln
1 Zwiebel
2 Schalotten
12 EL Öl
2 EL Weizenmehl
1 EL Zucker
3 dl Fischfumet (Seite 181)
70 g eingeweichte Sultaninen
1 Bouquet garni (Thymian, Petersilie, Lorbeer)
1 Knoblauchzehe
Salz und Pfeffer
1 EL gehackte Petersilie

Empfohlene Weine
Pinot champenois di Franciacorta, Pinot grigio dell'Alto Adige (Italien); Montrachet (Frankreich); kalifornischer Blanc de Noirs (USA); Sauvignon blanc (Neuseeland)

Menüvorschlag
Gebratene Strandkrabben
▷ Karpfen auf jüdische Art
Birnentorte

1 Karpfen säubern, ausnehmen und waschen.
2 Mandeln längs in feine Stifte schneiden.
3 Zwiebel und Schalotten fein hacken.
4 6 EL Öl in eine große Schwenkpfanne geben und die Zwiebel mit den Schalotten darin anschwitzen.
5 Nach 2 Minuten Mehl und Zucker zufügen und 2 Minuten erhitzen. Fischfumet, Mandeln und die zuvor eingeweichten Sultaninen ergänzen.
6 Den Karpfen zusammen mit dem Bouquet garni und der zerstoßenen Knoblauchzehe in einen Fischkessel legen und mit der Mandel-Sultaninen-Sauce übergießen.
7 Einige Minuten kochen lassen. Salzen, pfeffern und bei niedriger Temperatur 30 Minuten pochieren.
8 Den Karpfen abtropfen lassen und auf eine ovale Platte legen. Den Fond einkochen: Das Bouquet garni herausnehmen und 6 EL Öl wie zur Mayonnaise-Bereitung dazugießen (erst tropfenweise, und wenn sich die Sauce allmählich bindet, in dünnem Faden dazugeben). Mit Salz abschmecken, abkühlen lassen und über den Karpfen verteilen. Mindestens 2 Stunden in den Kühlschrank stellen, bis die Sauce geliert. Mit gehackter Petersilie bestreuen.

Karpfen auf polnische Art

Zubereitungszeit
1 Stunde

1 Karpfen (1 kg), Salz
1 Selleriestange
1 kleine Zwiebel
2 Petersilienstengel
2 Gewürznelken
40 g Butter
30 g Mehl
1 dl Rotwein
1 EL Weinessig
40 g Fischpfefferkuchen
Saft von 1 Zitrone
2 EL Rosinen
2 EL Mandeln

Empfohlene Weine
Greco di Tufo, Ribolla dei Colli Orientali del Friuli (Italien); kalifornischer Sauvignon blanc (USA); Montrachet (Frankreich); Rhein-Silvaner (Deutschland)

Menüvorschlag
Garnelen-Pilaw
▷ Karpfen auf polnische Art
Passionsfrucht-Sorbet

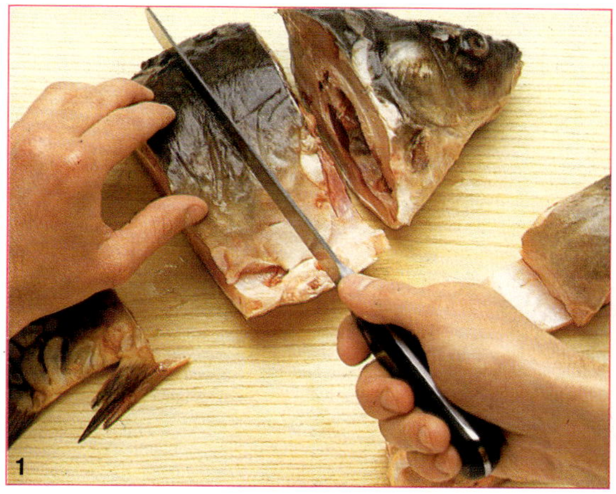

1 Karpfen ausnehmen, waschen und in vier Stücke teilen. Salzen und 1 Stunde ruhen lassen.
2 Sellerie in Stückchen, Zwiebel in Scheiben schneiden. In 1½ l Wasser zusammen mit der Petersilie und den Gewürznelken 15 Minuten kochen.
3 Karpfenstücke hineingeben, aufwallen lassen, Hitze herunterschalten und 10 Minuten leise köcheln lassen.
4 Karpfen auf eine Platte legen und warm stellen.
5 Fischbrühe durch ein Sieb gießen und köchelnd 10 Minuten reduzieren.
6 Die Butter in einem Topf zerlassen, Mehl zufügen und unter ständigem Rühren 2–3 Minuten anschwitzen.
7 Wein, Weinessig, Fischbrühe und Fischpfefferkuchen hineingeben und 4 Minuten weiterkochen.
8 Die Sauce durch ein Sieb gießen, erhitzen und mit dem Zitronensaft, den zuvor eingeweichten Rosinen sowie den abgezogenen und gehackten Mandeln ergänzen. Gut durchmischen und über den Karpfen verteilen.

Gebackener Zwergwels

Zubereitungszeit
45 Minuten

4 Zwergwelse (1 kg)
Salz
Pfeffer
1 Ei
1 dl Milch
100 g Maismehl
100 g Schmalz

Empfohlene Weine
Montecarlo bianco, Lugana (Italien); Pinot d'Alsace (Frankreich); kalifornischer Pinot blanc (USA); RheinRiesling (Deutschland)

Menüvorschlag
Garnelen-Risotto
▷ Gebackener Zwergwels
Birnentorte

1 Fische filetieren, aber nicht enthäuten.
2 Die Filets schräg in drei Stücke teilen.
3 Salzen und pfeffern.
4 Ei mit der Milch verquirlen und die Fischfilets darin wenden.
5 Anschließend durch das Maismehl ziehen, das leicht angedrückt wird.
6 Schmalz in einer Pfanne zerlassen und die Fischstücke beidseitig je 4 Minuten darin braten.
7 Zum Aufsaugen von überschüssigem Fett auf Küchenkrepp legen.
8 Mit Essiggürkchen und »Cole Slaw« (Seite 181) servieren.

Barsch mit Salbei

Zubereitungszeit
40 Minuten

4 Barsche (1,2 kg)
2 EL Weizenmehl
1 Ei, Salz
4 EL Milch
1 EL Paniermehl
80 g Butter
12 Salbeiblätter

Empfohlene Weine
Gavi, Riesling dell'Oltrepò pavese (Italien); Pouilly Fuissé (Frankreich); kalifornischer Blanc de Blancs (USA); Fumé blanc (Südafrika)

Menüvorschlag
Schwimmende Flußkrebse
➪ Barsch mit Salbei
Pfirsichspeise mit Zabaione

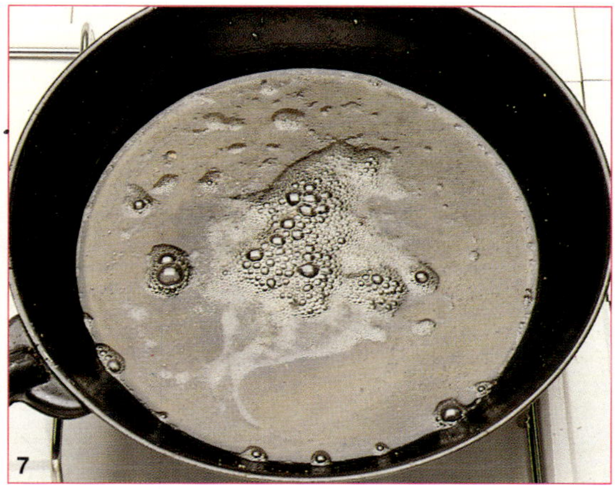

1 Die Barsche mit Hilfe eines biegsamen, scharfen Messers filetieren.
2 Filets leicht mehlen.
3 Das Ei verschlagen, salzen und mit der Milch verquirlen.
4 Die Filets zuerst im Ei und dann im Paniermehl wenden, das gut angedrückt wird.
5 50 g Butter in einer Schwenkpfanne zerlassen und 4 Salbeiblätter zufügen.
6 Die Filets beidseitig je 4 Minuten braten. Die restlichen Salbeiblätter zufügen, weitere 2 Minuten garen und salzen.
7 Fischfilets herausnehmen. Die restliche Butter in der Pfanne zerlassen, bis sie schäumt.
8 Die Fischfilets mit der Nußbutter nappieren und sofort zu Tisch bringen.

Schleie mit Erbsen

<u>Zubereitungszeit</u>
1 Stunde

2 lebende Schleien (1,2 kg)
4 EL Essig
2 EL Weizenmehl
4 EL Öl
40 g Butter, Salz
2 dl Weißwein
200 g frische Champignons bzw. 40 g getrocknete Steinpilze
200 g Erbsen
2 reife Tomaten
4 Salbeiblätter
Pfeffer

1 Den lebenden Schleien den Essig einflößen, um ihnen den eventuellen Schlammgeschmack zu nehmen.
2 Die Fische nach 10 Minuten mit dem Nacken gegen die Tischkante schlagen. Säubern, waschen und in Scheiben schneiden. Die Stücke in Mehl wenden. In einer Pfanne die Hälfte des Öls und der Butter erhitzen und die Fischstücke auf jeder Seite je 10 Minuten sautieren. Salzen und mit der Hälfte des Weins beträufeln.
3 Fische herausnehmen und warm stellen. Das restliche Öl und die übrige Butter zusammen mit den blättrig geschnittenen Pilzen (getrocknete Steinpilze müssen ½ Stunde vorher in lauwarmem Wasser eingeweicht werden), den Erbsen sowie den enthäuteten und zerkleinerten Tomaten in die gleiche Pfanne geben.
4 Alles 10 Minuten schmoren und dabei Salz, Salbei und den restlichen Wein zufügen.
5 Die Fischstücke hineingeben und ½ Schöpfkelle warmes Wasser bzw. das Einweichwasser der Pilze dazugießen.
6 Den Garvorgang vollenden. Mit Salz abschmecken, alles leicht reduzieren und zum Schluß mit Pfeffer aus der Mühle bestäuben. Die Schleiestücke auf dem Gemüsebett anrichten und in der Pfanne servieren.

<u>Empfohlene Weine</u>
Sauvignon del Collio, Silvaner dell'Alto Adige (Italien); Graves blanc (Frankreich); kalifornischer Fumé blanc (USA); Chardonnay (Südafrika)

<u>Menüvorschlag</u>
Potted crabs
▷ Schleie mit Erbsen
Rhabarberauflauf

Anmerkung der Redaktion: Statt den lebenden Fischen durch Einflößen von Essig den Schlammgeschmack zu nehmen, sollten sie besser einige Tage in klarem, fließendem Wasser gehalten und anschließend getötet werden. Damit erübrigt sich Arbeitsschritt 1.

Klößchen auf litauische Art

Zubereitungszeit
1 Stunde
(plus 3 Stunden zum Gelieren)

1 kg gemischte Fische, gesäubert (Maräne, Karpfen, Hecht)
5 cl Milch
1 Scheibe Brot
1 Zwiebel
2 Eier
Salz und Pfeffer
1 l Fischfumet (Seite 181)
1 Möhre
1 EL geriebener Meerrettich

1 Die Fische filetieren und durch den Fleischwolf drehen.
2 Brotscheibe in der Milch einweichen.
3 Die Zwiebel sehr fein hacken und mit den Fischen, den verschlagenen Eiern, dem ausgedrückten Brot, Salz und Pfeffer vermengen.
4 Aus der Masse 3 cm große Klößchen formen.
5 Fischfumet erhitzen und die Klößchen bei mäßiger Temperatur 30 Minuten darin garziehen lassen.
6 Möhre grob in Scheiben schneiden, zum Fischfumet geben und 4 Minuten mitgaren.
7 Klößchen und Möhre mit einem Seihlöffel aus dem Topf nehmen. Den Fischfond 10 Minuten reduzieren. Durch ein Sieb gießen und 3 Stunden in den Kühlschrank stellen.
8 Die Fischklößchen mit dem gelierten Fumet servieren, mit den Möhrenscheiben garnieren und mit geriebenem Meerrettich bestreuen.

Empfohlene Weine
Terlano dell'Alto Adige, Riesling renano dei Colli Orientali del Friuli (Italien); Bordeaux blanc (Frankreich); kalifornischer Chardonnay (USA); Sauvignon blanc (Neuseeland)

Menüvorschlag
Gebratene Strandkrabben
▷ Klößchen auf litauische Art
Pfirsichspeise mit Zabaione

Schal- und Weichtiere

Lithopaga lithopaga
Dattero di mare
Datte de mer
Date-shell
Meerdattel

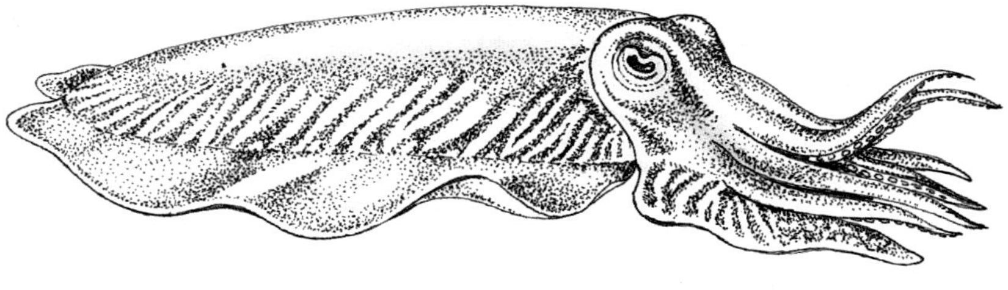

Sepia officinalis
Seppia
Seiche
Cuttlefish
Tintenfisch

Ostrea edulis
Ostrica
Huître
Oyster
Auster

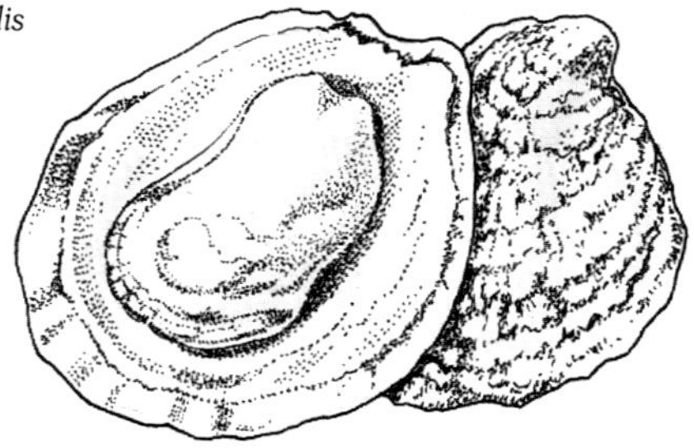

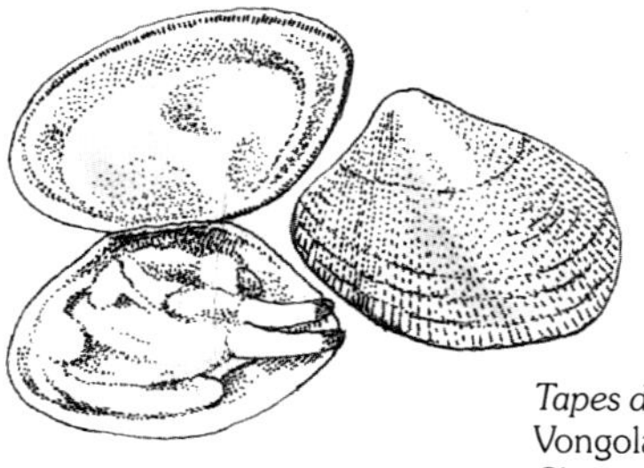

Tapes decussatus
Vongola
Clovisse
French mussel
Venusmuschel

Pecten jacobaeus
Conchiglia di San Giacomo
Coquille Saint-Jacques
Scallop
Jakobsmuschel

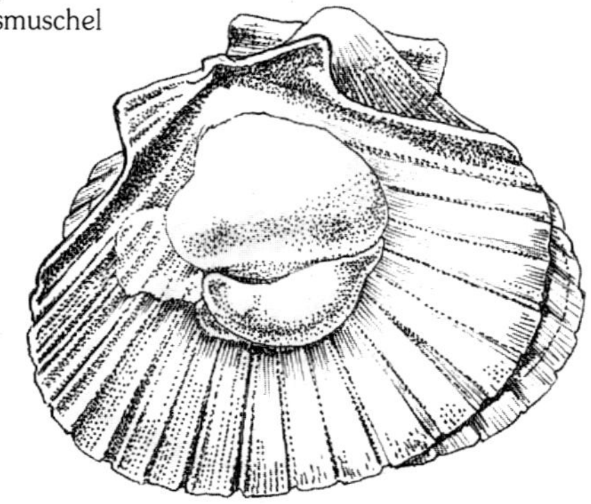

Octopus vulgaris
Polpo comune
Poulpe
Polyp
Gemeiner Krake

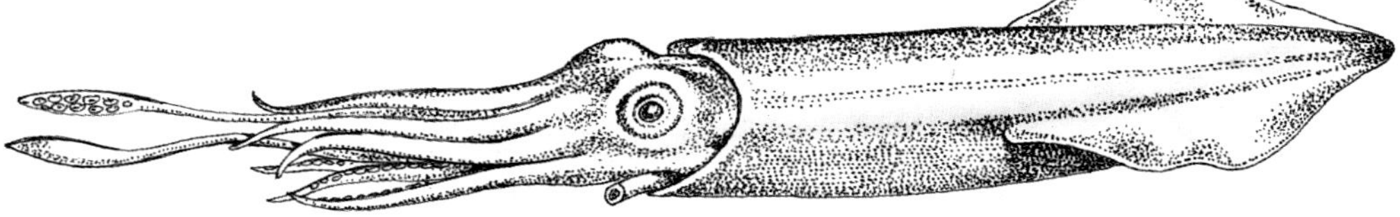

Loligo vulgaris
Calamaro
Calmar
Squid
Gewöhnlicher Kalmar

Mytilus edulis
Mitilo
Moule
Mussel
Miesmuschel

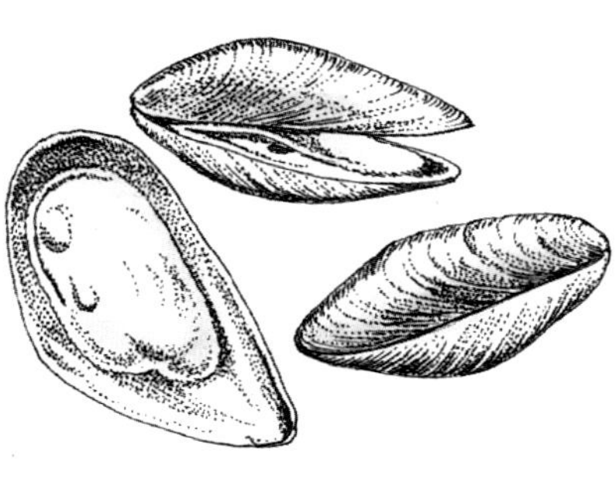

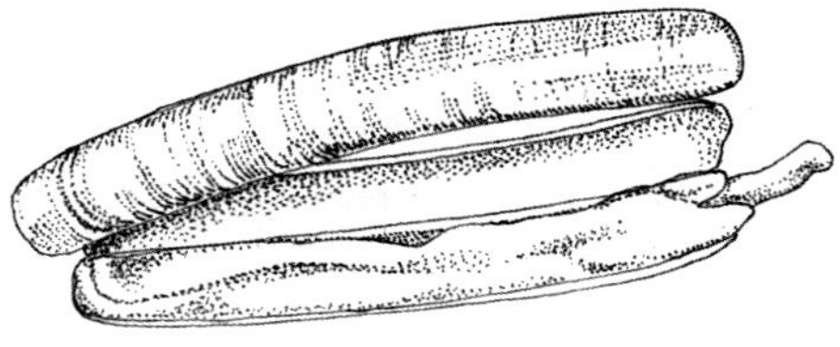

Solen vagina
Cannolicchio
Couteau
Razor-shell
Messerscheide

Die Schal- und Weichtiere sind nacheinander mit wissenschaftlichen Namen sowie in Italienisch, Französisch, Englisch und Deutsch bezeichnet.

Jakobsmuscheln auf provenzalische Art

Zubereitungszeit
20 Minuten
(plus 2 Stunden zum Säubern der Muscheln)

1 kg Jakobsmuscheln
Salz und Pfeffer
1 EL Öl
45 g Butter
3 EL Mehl
2 Schalotten
1 Knoblauchzehe
1 dl Weißwein
1 EL gehackte Petersilie

1 Jakobsmuscheln 2 Stunden unter fließendem Wasser waschen. Öffnen und das Fleisch auslösen. In zwei Hälften schneiden und mit Salz und Pfeffer bestreuen.
2 Das Öl mit 30 g Butter in einer Schwenkpfanne erhitzen. Die Muscheln leicht in Mehl wenden und portionsweise 3 Minuten gut anbräunen.
3 15 g Butter in einer zweiten Pfanne zerlassen. Die feingeschnittenen Schalotten 3 Minuten, Knoblauch 1 Minute darin andünsten. Anschließend zu den Muscheln geben und mit Wein auffüllen.
4 Bei mäßiger Hitze weitere 3 Minuten schmoren.
5 Muscheln herausnehmen, warm stellen und die Sauce reduzieren.
6 Die Muscheln in den Schalenhälften anrichten, mit der Sauce begießen und mit gehackter Petersilie bestreuen.

Empfohlene Weine
Ischia bianco, Lugana (Italien); Pouilly Fuissé (Frankreich); kalifornischer Johannisberg Riesling (USA); Mosel-Riesling (Deutschland)

Menüvorschlag
▷ Jakobsmuscheln auf provenzalische Art
Petersfisch mit Artischocken
Mandelhippen

Jakobsmuscheln in Riesling

Zubereitungszeit
40 Minuten
(plus 1 Stunde zum Säubern der Muscheln)

16 Jakobsmuscheln
2 Lauchstangen (geputzt 100 g)
60 g Butter
Salz
2 dl Riesling
Pfeffer

1 Muscheln mindestens 1 Stunde unter fließendem Wasser abspülen. Gründlich waschen und dann öffnen.
2 Die weißen Lauchstücke in streichholzdünne Stifte schneiden.
3 Butter in einem Topf zerlassen, Lauch kurz anschmoren, salzen und Wein angießen.
4 Bei mäßiger Hitze köcheln lassen. Nach 5 Minuten die Muscheln zufügen und 5 Minuten zugedeckt pochieren.
5 Muscheln und Lauch aus dem Topf nehmen und warm stellen.
6 Die Sauce bei mittlerer Hitze einkochen. In vorgewärmte tiefe Teller eine Lage Lauch geben, die Jakobsmuscheln darauf verteilen, mit Pfeffer bestäuben und mit der Sauce nappieren.

Empfohlene Weine
Pinot bianco di Franciacorta, Riesling dell'Oltrepò pavese (Italien); Graves blanc (Frankreich); kalifornischer Chardonnay (USA); Chenin blanc (Südafrika)

Menüvorschlag
▷ Jakobsmuscheln in Riesling
Seebarsch in Blätterteig
Calvados-Sorbet

Kalte Austernsuppe

Zubereitungszeit
30 Minuten
(plus 2 Stunden zum Abkühlen der Suppe)

800 g Austern
50 g Butter
2 Scheiben Bauchspeck
1 Zwiebel
50 g Mehl
1 dl Milch
1/4 l Sahne
3 EL Sherry
1 EL gehackte Petersilie
Salz und Pfeffer
1/2 TL Paprika

1 Austern mit dem Austernbrecher öffnen und aus den Schalen lösen. Ihre Flüssigkeit auffangen.
2 Butter in einem Topf zerlassen. Den Bauchspeck und die feingehackte Zwiebel 5 Minuten darin dünsten.
3 Mehl zugeben und 1 Minute anschwitzen.
4 Kochende Milch und Austernflüssigkeit dazugießen. Die Sauce 3 Minuten kochend eindicken lassen.
5 Vom Herd nehmen und mit Sahne und Sherry verfeinern. Die Sauce glattrühren.
6 Austern hineingeben, mit Petersilie bestreuen und 5 Minuten bei mäßiger Hitze pochieren. Salzen und pfeffern.
7 Die Suppe erkalten lassen, in tiefe Teller füllen und mit Paprika bestäuben.

Empfohlene Weine
Orvieto, Vermentino (Italien); Muscadet (Frankreich); kalifornischer Sauvignon blanc (USA); Rhine Riesling (Südafrika)

Menüvorschlag
▷ Kalte Austernsuppe
Seezunge Müllerin-Art
Sandgebäck

Geschmorte Austern

<u>Zubereitungszeit</u>
30 Minuten

32 Austern
3 dl Milch
3 dl Sahne
1 Prise Selleriegewürz
20 g Butter
Salz und Pfeffer
1 Prise Paprika

1 Austern aufbrechen und auslösen. Das eigene Wasser auffangen und durch ein Sieb gießen.
2 Milch und Sahne in einem Topf erhitzen. Mit Selleriegewürz abschmecken, mit 2 EL des Austernwassers aufgießen und 5 Minuten kochen lassen. Anschließend durch ein feines Sieb geben.
3 In einem zweiten Topf die Butter zerlassen. Austern mit 2 EL ihrer Flüssigkeit hineingeben. 3 Minuten bei mäßiger Hitze pochieren, anschließend vom Herd nehmen.
4 Milch und Sahne zu den Austern gießen. Mit Salz und Pfeffer bestreuen und weitere 2 Minuten schmoren.
5 Die Austern in vorgewärmten tiefen Tellern anrichten und mit dem Schmorfond nappieren.
6 Mit Paprika bestäuben und servieren.

<u>Empfohlene Weine</u>
Pinot bianco di Franciacorta, Riesling renano dei Colli Orientali del Friuli (Italien); Bourgogne blanc (Frankreich); kalifornischer Sauvignon blanc (USA); Chardonnay (Neuseeland)

<u>Menüvorschlag</u>
▷ Geschmorte Austern
Gefüllte Kalmare
Sandgebäck

Meerdattelsuppe

Zubereitungszeit
1 Stunde
(plus 2 Stunden zum Vorbereiten der Muscheln)

1 kg Meerdatteln
8 EL Öl
2 Knoblauchzehen
½ EL gehackte Petersilie
Cayennepfeffer
2 dl Sahne
1 TL Fleischextrakt
200 g geschälte Tomaten
2 dl Weißwein, Salz
dazu 4 geröstete Weißbrotscheiben

Empfohlene Weine
Pinot bianco del Collio, Regaleali bianco (Italien); Chablis (Frankreich); kalifornischer Chardonnay (USA); Chenin blanc (Südafrika)

Menüvorschlag
▷ Meerdattelsuppe
Languste Newburg
Aprikosenauflauf

1

2

3

4

5

6

7

1 Meerdatteln mindestens 2 Stunden unter fließendes Wasser legen, um sie vom Sand zu säubern.
2 Abtropfen. In einem Topf 4 Minuten erhitzen, bis sie sich öffnen. Aus den Schalen lösen.
3 Muschelsud durch ein Sieb in eine Schüssel gießen.
4 Das Öl in eine Kasserolle geben und den sehr fein gehackten Knoblauch bei niedriger Temperatur leicht anbräunen.
5 Petersilie, Pfeffer, Sahne, Fleischextrakt, die enthäuteten, entkernten und zerkleinerten Tomaten sowie Weißwein und Muschelsud dazugeben.
6 Alles 15 Minuten durchkochen, anschließend durch ein Spitzsieb streichen.
7 Zusammen mit den Meerdatteln den Kochvorgang weitere 2 Minuten fortsetzen. Mit Salz abschmekken. Mit heißem Toast servieren.

Suppe von echten Venusmuscheln

Zubereitungszeit
30 Minuten
(plus 2 Stunden zum Säubern der Muscheln)

1 kg echte Venusmuscheln
8 EL Öl
2 Knoblauchzehen
2 reife Tomaten
Salz
½ l Gemüsebrühe
1 EL gehackte Petersilie
Pfeffer
dazu geröstetes Landbrot

1 Venusmuscheln mindestens 2 Stunden unter fließendem Wasser säubern, um den Sand auszuschwemmen.
2 In einer Pfanne 2 EL Öl erhitzen und 1 zerdrückte Knoblauchzehe goldbraun darin anschwitzen. Knoblauch entfernen, Muscheln hineingeben und zugedeckt 4 Minuten sautieren.
3 Die Muscheln von den Schalen befreien, Muschelsud durch ein feines Sieb gießen und die Muscheln anschließend darin warm stellen.
4 4 EL Öl in eine Kasserolle geben und die enthäuteten, entkernten und gesalzenen Tomaten 10 Minuten darin dünsten. Die Muscheln mit dem Muschelfond zufügen und mit der Gemüsebrühe aufgießen.
5 Die zweite feingewürfelte Knoblauchzehe in 2 EL Öl in einem kleinen Topf leicht anbräunen. Petersilie zufügen, mit Salz abschmecken, mit Pfeffer bestäuben und alles zu den übrigen Zutaten geben. Durchmischen und mit heißem, geröstetem Brot servieren.

Empfohlene Weine
Tokay del Collio, Verdicchio dei Castelli di Jesi (Italien); Bourgogne blanc (Frankreich); kalifornischer Johannisberg Riesling (USA); Chenin blanc (Australien)

Menüvorschlag
▷ Suppe von echten Venusmuscheln
Languste Newburg
Bayerische Ananascreme mit Erdbeer-Coulis

Spaghetti mit Venusmuscheln

Zubereitungszeit
40 Minuten
(plus 2 Stunden zum Säubern der Muscheln)

800 g Venusmuscheln
1 Knoblauchzehe
240 g Spaghetti
Salz
6 EL Öl
1 EL gehackte Petersilie
Pfeffer

1 Muscheln 2 Stunden unter fließendem Wasser gründlich säubern.
2 In einem Topf zugedeckt ca. 4 Minuten erhitzen.
3 Aus den Schalen befreien, den Muschelsaft auffangen und durch ein Sieb gießen.
4 Knoblauch sehr fein hakken.
5 Die Spaghetti in reichlich Salzwasser »al dente« kochen und abseihen.
6 In einer kleinen Pfanne das Öl erhitzen und den Knoblauch 1 Minute anbräunen.
7 Den Muschelsud in einer großen Schwenkpfanne 3–4 Minuten einkochen. Die Muscheln zufügen und 1 Minute pochieren.
8 Spaghetti dazugeben, Öl mit Knoblauch darübergießen und alles mit der Petersilie bestreuen. Bei mittlerer Hitze 1 Minute durchmischen, mit Pfeffer abschmecken und servieren.

Empfohlene Weine
Pinot di Franciacorta, Verdicchio dei Castelli di Jesi (Italien); Montrachet (Frankreich); kalifornischer Chenin blanc (USA); Chardonnay (Südafrika)

Menüvorschlag
▷ Spaghetti mit Venusmuscheln
Steinbutt mit Scampisauce
Flambierte Ananas

Venusmuschelsuppe Manhattan

Zubereitungszeit
1 Stunde und 20 Minuten (plus 2 Stunden zum Vorbereiten der Muscheln)

1 kg Venusmuscheln
150 g Bauchspeck
1 mittelgroße Zwiebel
1 Möhre
1 Selleriestange
200 g geschälte Tomaten
1 Lorbeerblatt
1 Prise Thymian
Salz
Pfeffer
2 kleine Kartoffeln

1 Die Muscheln 2 Stunden unter fließendem Wasser von Sandrückständen säubern.
2 In einem Topf zugedeckt ca. 3 Minuten erhitzen, so daß sie sich öffnen. Den Muschelsud durchfiltern.
3 Venusmuscheln aus den Schalen lösen.
4 Bauchspeck fein hacken und in einer Schwenkpfanne auslassen. Die gehackte Zwiebel, Möhre und Selleriestange zugeben und 5 Minuten dünsten.
5 Tomaten, Lorbeer, Thymian und den Muschelsud zufügen. Salzen und pfeffern und 6 Minuten schmoren.
6 Mit 4 Schöpfkellen Wasser auffüllen, aufkochen lassen und Hitze reduzieren. Die in kleine Würfel geschnittenen Kartoffeln hineingeben und 20 Minuten bei milder Hitze garen.
7 Muscheln zufügen und bei mittlerer Temperatur 2 Minuten ziehen lassen, anschließend servieren.

Empfohlene Weine
Corvo di Salaparuta, Vermentino (Italien); Pouilly Fuissé (Frankreich); kalifornischer Sauvignon blanc (USA); Mosel-Riesling (Deutschland)

Menüvorschlag
▷ Venusmuschelsuppe Manhattan
Languste auf algerische Art
Glasiertes Orangensoufflé

Venusmuschel-Bällchen

Zubereitungszeit
1 Stunde
(plus 2 Stunden zum Säubern der Muscheln)

1 kg Venusmuscheln
2 Eier
30 g Paniermehl
Salz
1 Prise Cayennepfeffer
10 EL Öl
Petersiliensträußchen

1 Venusmuscheln 2 Stunden unter fließendem Wasser von eventuellen Sandrückständen befreien.
2 Etwa 3 Minuten zugedeckt in einem Topf erhitzen, bis sie sich öffnen. Den ausgetretenen Muschelsud durch ein feines Sieb gießen.
3 Die Muscheln aus den Schalen heben und fein zerkleinern.
4 Die Eigelb verquirlen und mit den Muscheln, dem Paniermehl und 3 EL des Muschelfonds vermischen. Salzen und pfeffern.
5 Die Eiweiß zu Schnee schlagen und vorsichtig unter die Muschelmasse ziehen.
6 Das Öl in einer Pfanne erhitzen und jeweils 5–6 EL der Mischung hineingeben.
7 Die Bällchen knusprig braten.
8 Zum Aufsaugen von überschüssigem Öl auf Küchenkrepp legen. Mit Petersiliensträußchen garniert servieren.

Empfohlene Weine
Sauvignon del Collio, Soave (Italien); Montrachet (Frankreich); kalifornischer Johannisberg Riesling (USA); Mosel-Riesling (Deutschland); Chenin blanc (Australien)

Menüvorschlag
▷ Venusmuschel-Bällchen
Scampi in der Schale
Sandgebäck

Venusmuschelsuppe New England

Zubereitungszeit
1 Stunde
(plus 2 Stunden zum Waschen der Muscheln)

800 g Venusmuscheln
70 g Bauchspeck
1 kleine Zwiebel
2 mittelgroße Kartoffeln
1 dl Milch
1 dl Sahne
20 g Butter
Salz und Pfeffer
dazu Crackers

1 Die Muscheln gründlich abbürsten und 2 Stunden unter fließendem Wasser den Sand ausschwemmen.
2 In reichlich Wasser einige Minuten kochen, so daß sie sich öffnen. Die Kochflüssigkeit durch ein Sieb gießen und auffangen.
3 Muscheln aus den Schalen brechen.
4 Den Speck fein zerkleinern; die Zwiebel halbieren und feinstreifig schneiden.
5 Speck in einer Pfanne auf lebhaftem Feuer 3 Minuten anbraten. Zwiebel zufügen und bei mäßiger Temperatur 5 Minuten dünsten.
6 Muschelsud, ½ l Wasser und die feingewürfelten Kartoffeln ergänzen. Aufkochen lassen, Hitze reduzieren und 15 Minuten köcheln lassen.
7 Die Muscheln zusammen mit der Milch, Sahne und Butter zufügen. Salzen und pfeffern. 1 Minute bei mäßiger Hitze weiterkochen und mit Crackers servieren.

Empfohlene Weine
Frascati, Trebbiano di Romagna (Italien); Meursault (Frankreich); kalifornischer Chardonnay (USA); Rhein-Riesling (Deutschland)

Menüvorschlag
▷ Venusmuschelsuppe New England
Tintenfisch mit Erbsen
Flambierte Aprikosen

Muscheln auf Seemannsart

Zubereitungszeit
20 Minuten
(plus 2 Stunden zum Säubern der Muscheln)

2 kg Miesmuscheln
1 Zwiebel, 3 Schalotten
1 Knoblauchzehe
30 g Butter
¼ l Weißwein
½ Lorbeerblatt
1 Prise Thymian
schwarzer Pfeffer
3 EL gehackte Petersilie

1 Muscheln gründlich waschen und abbürsten. Entbarten und 2 Stunden unter fließendes Wasser legen, um Sandrückstände zu entfernen.
2 Zwiebel, Schalotten und Knoblauch fein hacken.
3 In einem Topf die Butter zerlassen und die Zwiebel mit den Schalotten bei milder Hitze weich dünsten. Knoblauch zufügen, gut vermischen und 1 Minute anschwitzen.
4 Zusammen mit dem Wein, Lorbeerblatt, Thymian und schwarzen Pfeffer 2 Minuten sautieren.
5 Muscheln hineingeben und ca. 8 Minuten garen, bis sie sich von selbst öffnen. Dabei gelegentlich den Topf kräftig schütteln und durchmischen.
6 Mit Petersilie bestreuen. Die Muscheln mit der Flüssigkeit in tiefen Tellern anrichten.

Empfohlene Weine
Bianchello del Metauro, Corvo di Salaparuta (Italien); Pinot d'Alsace (Frankreich); kalifornischer Pinot blanc (USA); Mosel-Riesling (Deutschland).

Menüvorschlag
▷ Muscheln auf Seemannsart
Gefüllter Hechtdorsch
Halbgefrorenes aus Ananas

Tintenfisch mit Erbsen

Zubereitungszeit
40 Minuten

800 g Tintenfisch
½ Zwiebel, 6 EL Öl
1 dl Weißwein
Salz
200 g geschälte Tomaten
400 g Erbsen
½ TL Zucker
1 Rosmarinzweig
Pfeffer

Empfohlene Weine
Gavi, Pinot grigio dell'Alto Adige (Italien); Chablis (Frankreich); kalifornischer Chardonnay (USA); Chenin blanc (Australien)

Menüvorschlag
Lachsmousse
▷ Tintenfisch mit Erbsen
Champagner-Erdbeeren

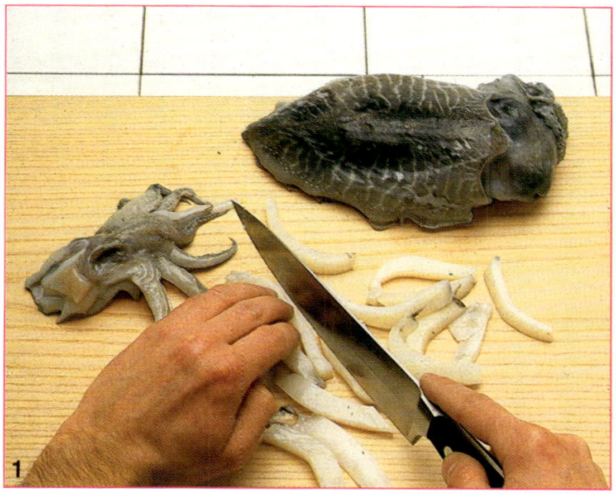

1 Den Mittelknochen der Tintenfische durch Drücken mit dem Daumen gegen den Rand des ringförmigen Mantels und durch anschließendes Ziehen in entgegengesetzter Richtung entfernen. Putzen, Tintensack herausnehmen und Augen und innere Organe herausschneiden. Tintenfische waschen, waagerecht halbieren und in 2 cm breite Streifen schneiden.

2 Die feingehackte Zwiebel im Öl anbräunen.

3 Nach 4 Minuten die zerkleinerten Tintenfische zufügen.

4 5 Minuten schmoren. Mit Wein aufgießen, salzen und den Garvorgang zugedeckt 5 Minuten fortsetzen.

5 Die enthäuteten und zerkleinerten Tomaten dazugeben und alles ohne Deckel bei starker Hitze 5 Minuten durchkochen.

6 Erbsen und Zucker untermischen.

7 Nach weiteren 15 Minuten den Rosmarinzweig hineinlegen, mit Salz abschmecken und pfeffern. Erneut durchmischen und servieren.

Geschmorte Kraken in Tomatensauce

Zubereitungszeit
1 Stunde

800 g kleine Kraken
Salz, 6 EL Öl
4 reife Tomaten
1,5 dl Weißwein
1 Knoblauchzehe
1 EL gehackte Petersilie
schwarzer Pfeffer

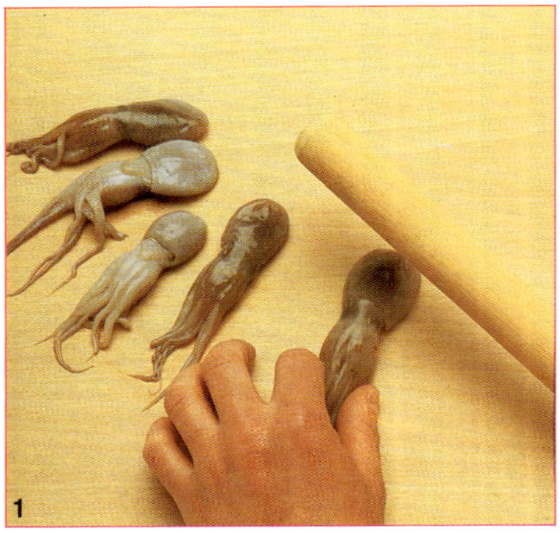

1 Die Kraken mit einem Holzstab klopfen und anschließend säubern: Das kleine Säckchen, Augen und Mund entfernen und die Kraken gründlich waschen.
2 In einen Topf geben, salzen, Öl und feingehackte Tomaten zufügen. 5 Minuten sautieren, anschließend mit Wein begießen.
3 Den Topf mit Pergamentpapier bedecken, fest zubinden und mit dem Deckel verschließen, so daß das Aroma nicht entweichen kann.
4 Knoblauch fein hacken.
5 Kraken 20 Minuten schmoren. Deckel und Pergamentpapier entfernen. Petersilie und Knoblauch zufügen.
6 Mit Pfeffer abschmecken und den Garvorgang einige Minuten vollenden, bis der Wein völlig verdunstet ist. Sofort servieren.

Empfohlene Weine
Regaleali bianco, Orvieto (Italien);
Bordeaux blanc (Frankreich);
kalifornischer Chenin blanc (USA);
Riesling (Australien)

Menüvorschlag
Jakobsmuscheln auf provenzalische Art
▷ Geschmorte Kraken in Tomatensauce
Glasiertes Orangensoufflé

Gefüllte Kalmare

Zubereitungszeit
1 Stunde

8 Kalmare (800 g)
8 schwarze Oliven
1 EL Kapern
2 EL Petersilie
2 Tropfen Angostura
2 Tropfen Tabasco
1 EL Paniermehl
8 EL Öl
1 Knoblauchzehe
2 Tomaten
Salz
1 Prise Origano
schwarzer Pfeffer

Empfohlene Weine
Silvaner dell'Alto Adige, Riesling dell'Oltrepò pavese (Italien); Gewürztraminer d'Alsace (Frankreich); kalifornischer Gewürztraminer (USA); Rhine Riesling (Südafrika)

Menüvorschlag
Potted crabs
▷ Gefüllte Kalmare
Zitronenbaisertorte

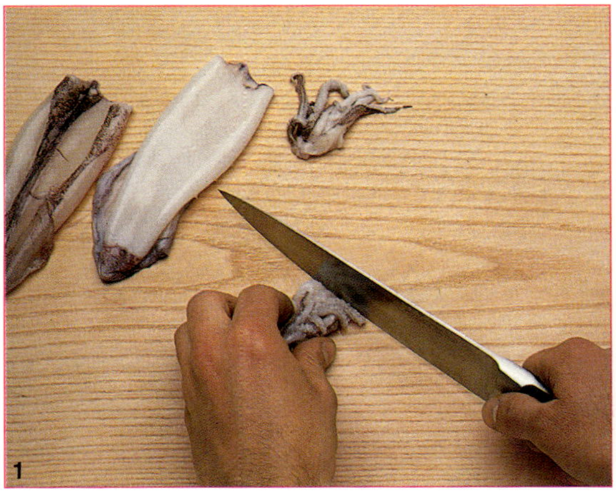

1 Kalmare vorbereiten: Fangarme abtrennen; Tintenbeutel, Augen und Mund entfernen. Gründlich waschen.
2 Die Fangarme fein hakken.
3 Oliven, Kapern und Petersilie fein wiegen.
4 Sämtliche gehackten Zutaten in einer großen Schüssel vermischen. Angostura und Tabasco, Paniermehl und 2 EL Öl unterziehen.
5 Die Kalmare mit der Mischung füllen und sorgfältig zunähen.
6 Die Knoblauchzehe und die gehäuteten, entkernten Tomaten fein zerkleinern.
7 6 EL Öl in eine große Stielkasserolle geben. Knoblauch bei niedrigster Temperatur 2 Minuten leicht anbräunen. Tomaten 2 Minuten mitschmoren.
8 Die gefüllten Kalmare hineinlegen, salzen und zugedeckt 20 Minuten sautieren. Mit Origano und Pfeffer bestreuen und den Garvorgang nach 3 Minuten beenden.

Nachspeisen

Aprikosenauflauf

230 g Aprikosen
Butter für die Förmchen
150 g Zucker
3 cl Wasser
4 Eiweiß
120 g Himbeeren
einige Tropfen Zitronensaft

Die Aprikosen 15 Sekunden mit kochendem Wasser überbrühen, anschließend sofort in kaltes Wasser legen. Mit den Fingern die Haut abreiben und die Früchte entkernen. 2 Aprikosen als Verzierung beiseite legen, den Rest im Mixer pürieren. 4 Auflaufförmchen innen mit Butter ausstreichen und mit Zucker bestreuen. In einem Topf 100 g Zucker mit 3 cl Wasser aufwallen lassen. Das Fruchtfleisch dazufügen und 3 Minuten weiterkochen. Die Eiweiß zu Schnee schlagen. Die Mischung darunterziehen und alles noch 1 Minute mit dem Schneebesen bearbeiten. Die Masse in die Förmchen füllen und 20 Minuten im Ofen bei 160 °C backen. Himbeeren durch ein Sieb streichen. Anschließend 50 g Zucker und einige Tropfen Zitronensaft untermischen. Mit einem Holzspatel gut durchrühren und anschließend 1 Stunde ruhen lassen. Die Sauce auf Desserttellern verteilen, die Soufflés darauf stürzen und mit den feingeschnittenen Aprikosen dekorieren.

Bayerische Ananascreme mit Erdbeer-Coulis

6 Eigelb
350 g Zucker
½ l Milch
4 Blatt Gelatine
250 g Sahne
1 TL Vanillinzucker
4 Ananasscheiben
500 g Erdbeeren
4 große, ganze Erdbeeren

Eigelb mit 200 g Zucker schaumig rühren. In einen Topf geben, die kochendheiße Milch zugießen und bei niedriger Hitze einige Minuten köcheln lassen. Sobald die Creme etwas eindickt, durch ein Sieb streichen. Die zuvor in kaltem Wasser eingeweichte und ausgedrückte Gelatine zufügen. Sahne mit dem Vanillinzucker steif, jedoch nicht zu fest schlagen und vorsichtig unter die erkaltete Creme ziehen. Die Ananasscheiben 10 Minuten mit 3 EL Zucker kochen, bis sie den Sirup völlig aufgenommen haben. Die Creme in vier Formen gießen und mit den Ananasscheiben belegen. Einige Stunden in den Kühlschrank stellen. Die Erdbeeren mit 130 g Zucker 2 Minuten pürieren und durch ein Sieb streichen. Die Formen in heißes Wasser tauchen und auf einzelne Teller stürzen. Mit dem Erdbeermark überziehen und die ganzen Erdbeeren als Dekoration daraufsetzen.

Bayerische Himbeercreme

500 g Himbeeren
Saft von 1 Zitrone
10 EL Zucker
6 Eigelb
4 Blatt Gelatine
120 g Sahne
80 g Schlagsahne und 100 g ganze Himbeeren zum Verzieren

500 g Himbeeren zusammen mit dem Zitronensaft und 2 EL Zucker pürieren. Durch ein Sieb streichen (ergibt ½ l). Die Eigelb gründlich mit 6 EL Zucker verquirlen und anschließend das Himbeerpüree unterrühren. Bei milder Hitze unter ständigem Rühren köcheln, bis die Mischung eindickt. Vom Herd nehmen und die 5 Minuten in kaltem Wasser gequollene und ausgedrückte Gelatine dazugeben. Abkühlen lassen. Die Sahne mit 1 TL Zucker nicht ganz steif schlagen und behutsam unter die erkaltete Himbeermasse ziehen. Eine Form mit Wasser ausschwenken, mit Zucker ausstreuen und das Dessert hineinfüllen. Einige Stunden im Kühlschrank erstarren lassen. Die Form vor dem Servieren kurz in heißes Wasser tauchen und anschließend auf einen Teller stürzen. Mit der Schlagsahne (Spritzbeutel) und den ganzen Himbeeren verzieren.

Birnentorte

Blätterteig (Seite 181)
400 g Birnen
½ l Wasser
100 g Zucker
abgeriebene Schale von ½ Zitrone

Blätterteig zubereiten. Die Birnen schälen, vierteln und vom Kerngehäuse befreien. In einem Topf mit Wasser bedecken, den Zucker und die Zitronenschale zufügen und ca. 15 Minuten dünsten. Abkühlen und abtropfen lassen. Den Teig 3 mm dick ausrollen. Den Boden einer mit kaltem Wasser bespritzten Tortenform damit auslegen, die Teigoberfläche mehrmals mit einer Gabel einstechen. Birnenviertel in Scheiben schneiden und die Torte strahlenförmig damit belegen. 20 Minuten im Ofen bei 220 °C backen.

Calvados-Sorbet

3,5 dl Wasser
330 g Zucker
1 dl Calvados
4 dl Mineralwasser ohne Kohlensäure

Wasser und Zucker bei starker Hitze verrühren, bis sich der Zucker löst. Aufwallen und anschließend abkühlen lassen. Calvados und Mineralwasser einrühren. Die Mischung in eine Eismaschine füllen und erneut durchrühren. 1 Stunde im Gefrierfach erstarren lassen.

Champagner-Erdbeeren

500 g Walderdbeeren
1 TL Kirschwasser
3 EL Zucker
½ l Champagner

Erdbeeren in kaltem Wasser waschen und sorgfältig trokkentupfen. Vier Früchte beiseite legen, die restlichen in vier Dessertschalen anhäufen. Mit dem Kirschwasser beträufeln und gleichmäßig mit dem Zucker bestreuen, so daß die Erdbeeren mit einer weißen Kruste bedeckt sind. Auf jede Portion eine Erdbeere setzen. In den Kühlschrank stellen und vor dem Servieren mit dem Champagner begießen.

Damenküßchen

50 g Weizenmehl
20 g feingemahlene Mandeln
30 g feingemahlene Haselnüsse
50 g Butter
50 g Zucker
1 Prise Salz
etwas Vanillinzucker
Butter für das Blech
70 g Blockschokolade

Weizenmehl gründlich mit den gemahlenen Mandeln und Nüssen, der Butter, dem Zucker, Salz und Vanillinzukker vermengen. Anschließend 1 Stunde in den Kühlschrank stellen. Den Teig in Stückchen (à ca. 8 g) schneiden und diese zu kleinen Kugeln formen. Auf ein eingefettetes Backblech setzen und leicht herunterdrücken, so daß sie die Form von Halbkugeln annehmen. Bei 175 °C 15 Minuten backen und erkalten lassen. Die Schokolade im Wasserbad schmelzen. Jeweils zwei Halbkugeln mit ½ TL flüssiger Schokolade zu kleinen Bällchen verbinden.

Erdbeeren und Bananen mit Zitrone

2 Bananen
200 g gesäuberte Erdbeeren
2 EL Zucker
Saft von 2 Zitronen

Bananen in Scheiben schneiden, Erdbeeren halbieren. Den Zucker im Zitronensaft lösen und über die Früchte geben.

Flambierte Ananas

40 g Butter
4 Ananasscheiben aus der Dose
1 EL Wasser
4 EL Zucker
4 große Erdbeeren
¼ l Rum

Butter zerlassen. Die Ananasscheiben hineinlegen und den in Wasser gelösten Zucker zufügen. Nach 3–4 Minuten die ganzen Erdbeeren und den Rum dazugeben. Kurz durchschwenken und dabei vermischen. Die Nachspeise auf vier Tellern anrichten. In die Mitte jeder Ananasscheibe eine Erdbeere geben und flambieren.

Flambierte Aprikosen

1 unbehandelte Zitrone
40 g Butter
4 EL Zucker
3 cl Wasser
20 Aprikosenhälften aus der Dose
2,5 dl Cognac

Die Zitrone fein in Längsrichtung abschälen. Die Butter in einem Topf mit Antihaftbeschichtung zerlassen und die Zitronenschalen von allen Seiten darin dünsten. Zucker in Wasser lösen und zusammen mit den Aprikosen dazufügen. Nach 5 Minuten den Cognac einrühren, anzünden und sofort brennend servieren.

Glasiertes Orangensoufflé

4½ Orangen, davon 2 unbehandelte
2 EL Grand Marnier
3 Eigelb
110 g Zucker
1,5 dl Wasser
3 cl Orangenlikör
200 g geschlagene Sahne
10 g Puderzucker

1 unbehandelte Orange dünn abschälen. Die Schale in feine kurze Streifchen schneiden und 2 Minuten mit heißem Wasser überbrühen. Unter fließendem Wasser abkühlen und anschließend 2 Stunden in den Grand Marnier einlegen. Die Eigelb verquirlen. In einem Topf 60 g Zucker mit 5 cl Wasser stark erhitzen. Diesen Sirup in dünnem Faden zu den Eigelb gießen und aufschlagen. Orangenlikör, die Orangenschale und den Saft von ½ Orange unter die Mischung ziehen und 3 Minuten mit dem Schneebesen bearbeiten. Die Sahne vorsichtig unterheben. Vier Auflaufförmchen 15 Minuten im Gefrierfach vorkühlen. Das Soufflé darin verteilen und 4 Stunden im Gefrierfach erstarren lassen. Die zweite unbehandelte Orange fein abschälen und die Schale kochen, um ihr den herben Geschmack zu nehmen. Zusammen mit 50 g Zucker, dem Saft von 2 Orangen und 1 dl Wasser bei milder Hitze 5 Minuten dünsten. Abschäumen und 30 Minuten ruhen lassen. Die Sauce durch ein Sieb auf vier Desserttellern verteilen. Die Souffléförmchen kurz in heißes Wasser tauchen. Auf die Teller stürzen und leicht mit Puderzucker bestäuben.

Gratinierte Walderdbeeren

400 g Walderdbeeren
3 EL Zucker
4 Kugeln Cremeeis
1,5 dl Sahne
1 TL Kirschwasser
4 kandierte Veilchenblüten

Erdbeeren in kaltem Wasser waschen und trockentupfen. Mit 2 EL Zucker süßen und in vier kleine, feuerfeste Schalen verteilen. Über jede Portion etwas Zucker geben und eine Eiskugel daraufsetzen. Die Sahne schlagen und das Eis damit überziehen. Im Ofen bei 130 °C 2 Minuten gratinieren. Unmittelbar vor dem Servieren mit einigen Tropfen Kirschwasser beträufeln und mit einer Veilchenblüte verzieren.

Halbgefrorenes aus Ananas

1 Ananas (1 kg)
260 g Zucker
5 cl Wasser
3 Eier
200 g geschlagene Sahne
1 unbehandelte Orange
10 g Puderzucker

Ananas längs halbieren, die Blätter nicht abschneiden. Die Hälften aushöhlen und 2 Stunden in den Kühlschrank legen. Das Fruchtfleisch im Mixer pürieren und 150 g Zucker untermischen. In einen Topf geben und bei milder Hitze 15 Minuten einkochen. Anschließend erkalten lassen. In einem zweiten Topf 60 g Zucker mit dem Wasser bei starker Hitze verkochen. Die 3 Eigelb verquirlen. Den Sirup langsam zu den Eigelb gießen, dabei kräftig rühren, um Klümpchenbildung zu vermeiden. Dieser Vorgang dauert etwa 3 Minuten. Das Ananasfleisch untermischen und die Sahne vorsichtig unterziehen. Die Ananashälften aus dem Kühlschrank nehmen, mit der Masse füllen und 3 Stunden ins Gefrierfach legen. Die Eiweiß mit 50 g Zukker zu Schnee schlagen. Die abgeriebene Orangenschale untermischen und die Masse in einen Spritzbeutel mit Sterntülle füllen. Die Ananas aus dem Gefrierfach nehmen und mit dem Eischnee dekorieren. Mit dem Puderzucker bestäuben und im Ofen nicht länger als 3 Minuten bei 250 °C goldbraun gratinieren. Sofort servieren.

Himbeer-Zabaione

4 Eigelb
6 EL Zucker
1 dl Wasser
2 EL Himbeergeist
700 g frische Himbeeren

Die Eigelb mit 4 EL Zucker und dem Wasser in einen Topf geben und vermischen. Bei niedriger Temperatur bzw. im Wasserbad erhitzen und dabei ständig rühren, bis die Zabaione schön schaumig ist. Im letzten Augenblick Himbeergeist zufügen und erneut durchmischen. 300 g Himbeeren mit 2 EL Zucker pürieren. Die restlichen Himbeeren in ofenfeste Schälchen geben und mit der Zabaione begießen. Im Ofen ½ Minute überbacken. Mit der langsam erwärmten Himbeersauce überziehen und servieren.

Mandel-Anis-Plätzchen

250 g abgezogene Mandeln
500 g Weizenmehl
4 Eier, 250 g Zucker
110 g Butter, 1 TL Backpulver
1 TL Anis
abgeriebene Schale von 1 Zitrone
1 Prise Salz
Butter und Mehl für das Blech
3 EL Alkermes (italienischer Likör, gewürzt mit Lorbeer, Muskatblüte, Nelken, Muskatnuß)
50 g Puderzucker

Mandeln grob hacken. Mehl in eine Schüssel häufen und in der Mitte eine Mulde formen. Eier, Zucker, 100 g Butter, Backpulver, Anis, Zitronenschale und Salz hineingeben und alles zu einem festen Teig verkneten. Die gehackten Mandeln einarbeiten. Den Teig 1 cm dick ausrollen und die Plätzchen mit Förmchen ausstechen. Auf ein eingefettetes und mit Mehl bestäubtes Backblech legen. Bei 180 °C ungefähr 10 Minuten backen. Die Plätzchen vorsichtig mit einem Spatel herunternehmen und auf einen großen Teller legen. Mit Alkermes bepinseln und mit Puderzucker bestäuben.

Mandelhippen

100 g Mandeln
25 g Weizenmehl
125 g Puderzucker
1 ganzes Ei
1½ Eiweiß
Butter für das Blech

Die in dünne Splitter zerteilten Mandeln zusammen mit dem Mehl und Puderzucker in einer Schüssel vermischen. Ei und Eiweiß einarbeiten und ½ Stunde ruhen lassen. Ein Backblech mit Butter einstreichen. Den Teig löffelweise mit genügend Abstand darauf verteilen und die Häufchen abflachen. Etwa 8 Minuten bei 180 °C backen, bis das Gebäck schön goldbraun ist. Mit einem Spatel vorsichtig herunterheben und noch warm über ein Rollholz biegen, so daß es die typische Form annimmt.

Maronentrüffel

700 g Maronen
200 g Zucker
150 g geraspelte Blockschokolade
1 EL Rum
70 g Puderzucker

Die Maronen in kaltem Wasser aufsetzen und 25 Minuten kochen. Schälen und durch ein Sieb streichen. Mit 3 EL Wasser und dem Zucker in einen Topf geben und unter ständigem Rühren erhitzen, bis sich der Zucker löst. Vom Herd nehmen und Schokoladenraspeln und Rum untermischen. Die Masse abkühlen lassen und zu kleinen Kugeln formen. Im Puderzucker wälzen und vor dem Servieren 3–4 Stunden in den Kühlschrank stellen.

Nußeis-Schnitten

4 Eigelb
150 g Zucker
¼ l Milch
1,5 dl Wasser
40 g feingemahlene Haselnüsse
100 g geschlagene Sahne
25 g flüssige Sahne

Eine Eisform im Gefrierfach vorkühlen. 2½ Eigelb mit 20 g Zucker 3 Minuten schaumig rühren. Die Milch aufkochen lassen. In einem Topf 50 Zucker mit 1 dl Wasser verkochen, bis die Masse karamelisiert. Den Topf einige Sekunden in heißes Wasser setzen und den Karamel in dünnem Faden zur Milch gießen, dabei kräftig umrühren. Diese Mischung zu den Eigelb geben und unter ständigem Rühren 3 Minuten erhitzen, aber nicht aufkochen lassen. Durch ein Sieb in ein Gefäß gießen und unter gelegentlichem Rühren abkühlen lassen. Nun die Mischung in die kalte Eisform füllen, glattstreichen und wieder ins Gefrierfach stellen. 1½ Eigelb mit dem Schneebesen verquirlen. 0,5 dl Wasser und 30 g Zucker in einem Topf stark erhitzen. Den Sirup langsam zu den Eigelb gießen und 5 Minuten kräftig umrühren. Die gemahlenen Nüsse unterziehen und weiter mit dem Schneebesen bearbeiten, bis die Masse nur noch lauwarm ist. Anschließend die geschlagene Sahne untermischen. Das Eis damit überziehen und mit eingefettetem Papier bedeckt 3 Stunden ins Gefrierfach stellen. Die flüssige Sahne in einer Schüssel mit 50 g Zucker verrühren. Den Eisbehälter kurz in heißes Wasser stellen und auf einen vorgekühlten Teller stürzen. Die flüssige Sahne auf Desserttellern verteilen. Zwei Eisschnitten darauflegen und mit Schlagsahne verzieren.

Obstsalat mit Gin

1 Apfel
1 Banane
100 g Erdbeeren
10 Kirschen
1 Pfirsich
1,5 dl Gin
Saft von 1 Zitrone
2 EL Zucker

Obst in Scheiben bzw. Stückchen schneiden. Gin und Zitronensaft gut mit dem Zucker verrühren und über die Früchte geben.

Passionsfrucht-Sorbet

⅓ l Wasser
¼ l Mineralwasser ohne Kohlensäure
330 g Zucker
1 kg Passionsfrüchte

Zucker und Wasser auf lebhaftem Feuer unter Rühren erhitzen, bis sich der Zucker auflöst. Aufwallen und abkühlen lassen. Die Früchte halbieren und entkernen. Das Fruchtfleisch passieren bzw. pürieren. Mit dem Sirup vermischen und anschließend in eine Eismaschine füllen. Gut verrühren. Das Sorbet mindestens 1 Stunde im Gefrierfach erstarren lassen. In vorgekühlten Dessertschalen anrichten.

Pfirsichspeise mit Zabaione

800 g weiße Pfirsiche
250 g Zucker
¼ l Muskateller
6 Eier
50 g Butter

Pfirsiche enthäuten und das Fruchtfleisch mit dem Zucker und Muskateller in einen Topf geben. So lange erhitzen, bis die Flüssigkeit verdampft ist. Durch ein Sieb streichen und unter ständigem Rühren die Eier dazugeben. Eine Auflaufform ausbuttern und die Mischung hineinfüllen. Im Wasserbad 20 Minuten ziehen lassen. Diese Süßspeise wird lauwarm oder kalt mit Muskateller-Zabaione oder Himbeer-Coulis (mit etwas Zucker pürierten und passierten Himbeeren) serviert.

Rhabarberauflauf

140 g geputzter und geschälter Rhabarber
80 g Puderzucker
Butter für die Förmchen
150 g Zucker
2 dl Wasser
3 Eier
2 dl Milch

Rhabarberstangen in 2 cm lange Stücke schneiden. Mit dem Puderzucker bestreuen und 2 Stunden im eigenen Saft ziehen lassen. Vier Auflaufförmchen mit Butter bestreichen und mit Zucker bestreuen. 20 g Rhabarber beiseite legen, den Rest im Mixer pürieren. 50 g Zucker mit dem Wasser aufsetzen und, sobald es zu kochen beginnt, Rhabarberpüree und -stückchen zufügen. 2 Minuten kochen lassen. Eiweiß zu Schnee schlagen. Rhabarber darübergeben und 1 Minute mit dem Schneebesen bearbeiten. Die Mischung in die Förmchen verteilen. Im auf 160 °C vorgeheizten Ofen 20 Minuten backen. Die Eigelb mit 100 g Zucker in einem zweiten Topf schaumig rühren, die Milch dazugießen und aufkochen lassen. Die heiße Sauce auf Desserttellern verteilen und die gestürzten Desserts darauf anrichten.

Sandgebäck

200 g Butter
150 g Puderzucker
3 Eier
40 g feingemahlene Mandeln
250 g Weizenmehl
abgeriebene Schale von ½ Zitrone oder Orange
1 Prise Salz
Mehl zum Bestäuben
Butter für das Blech

Butter mit der Hälfte des Puderzuckers schaumig schlagen. Nun 2 Eier, den restlichen Puderzucker, die Mandeln, das Mehl, die Zitronenschale und das Salz gut einarbeiten. Die Masse zu einer Kugel formen, in ein Tuch einschlagen und einige Stunden in den Kühlschrank legen. Den Teig ½ cm dick ausrollen und mit entsprechenden Formen Plätzchen ausstechen. Mit etwas Mehl bestäuben, auf ein eingebuttertes Backblech legen und mit 1 verquirlten Ei bepinseln. Bei 180 °C 15–20 Minuten backen. Die Plätzchen mit einem Spatel vom Blech lösen, auskühlen lassen und servieren.

Schneebällchen

3 dl Milch
¼ Vanilleschote
4 Eier
275 g Zucker
1,5 l Wasser
10 g geröstete Mandelsplitter
3 cl Wasser

Die Hälfte der Milch mit der Vanilleschote zum Kochen bringen. In einem Topf die Eigelb und 125 g Zucker mit dem Schneebesen schaumig rühren. Die kochendheiße Milch unter ständigem Rühren zugießen. Vanilleschote entfernen, die Sauce durch ein Sieb gießen, weitere 3 Minuten durchrühren und abkühlen lassen. In einer flachen

Kasserolle die restliche Milch mit 1,5 l Wasser sehr stark erhitzen und die Temperatur konstant halten. Die Eiweiß zu Schnee schlagen, 100 g Zucker untermischen und 1 weitere Minute bearbeiten. Mit einem Eßlöffel Bällchen aus dem Eischnee ausstechen und 3 Minuten in der heißen Milch garziehen lassen. Mit einem Schaumlöffel wenden und nach weiteren 3 Minuten herausnehmen. Auf einem Tuch 5 Minuten abtropfen lassen, in eine Schüssel legen und mit den Mandeln bestreuen. 50 g Zucker und 3 cl Wasser bei mittlerer Temperatur zu Karamel verkochen. Die Schneebällchen gleichmäßig damit begießen und vor dem Servieren etwas ruhen lassen. Auf Desserttellern anrichten und die Vanillesauce dazugießen.

Zabaione

6 Eigelb
4 EL Zucker
1,5 dl Marsala
16 Katzenzungen

Eigelb und Zucker in einem Topf verquirlen und den Marsala untermischen. Unter ständigem Rühren mit dem Schneebesen im Wasserbad erhitzen, bis die Zabaione schön schaumig ist. In Schalen füllen und mit den Katzenzungen verzieren.

Zitronenauflauf

Butter und Zucker für die Förmchen
45 g Weizenmehl
160 g Zucker
1 ganzes Ei
5 Eigelb
3 Zitronen (davon 1 unbehandelt)
4 dl Milch
50 g Butter
2 Eiweiß

Vier Auflaufförmchen mit etwas Butter einstreichen und mit Zucker ausstreuen. Das Mehl, 60 g Zucker, das ganze Ei, 1 Eigelb und den Saft von 1 Zitrone mit dem Schneebesen in einem Topf 1 Minute verrühren. 2 dl Milch mit der abgeriebenen Schale der unbehandelten Zitrone zum Kochen bringen, durch ein Sieb gießen und zu der vorbereiteten Mischung geben. Durchrühren und bei mittlerer Hitze 2 Minuten kochen, dabei ständig mit dem Schneebesen bearbeiten. Vom Herd nehmen, noch 1 Eigelb und die Butter hineingeben und 1 weitere Minute kräftig rühren. Eiweiß zu Schnee schlagen und diesen vorsichtig unter die Mischung ziehen. Die Auflaufformen mit der Masse bis ½ cm unterhalb des Randes füllen. Im Ofen 20 Minuten bei 190 °C backen. Inzwischen die restlichen Eigelb mit 100 g Zucker in einem Topf schaumig schlagen. 2 dl Milch aufkochen, in den Topf geben und alles bis unmittelbar vor dem Aufwallen erhitzen. Durch ein feines Sieb gießen und den Saft von 2 Zitronen einrühren. Die noch heiße Sauce auf Dessertteller gießen und die Auflaufförmchen darauf stürzen.

Zitronenbaisertorte

250 g Weizenmehl
3 Eier
150 g Zucker
250 g Butter
Salz, 4 EL Milch
Saft von 2 Zitronen
10 g Puderzucker
1 unbehandelte Zitrone (Verzierung)

Den Mürbeteig vorbereiten: Mehl, 1 Ei, 100 g Zucker, 200 g weiche Butter, eine Prise Salz und die Milch zu einer geschmeidigen Masse verkneten. In eingefettetes Papier wickeln und 4 Stunden in den Kühlschrank legen. Den Teig 3 mm dick ausrollen. Ein kreisrundes Stück ausschneiden und den Boden der Tortenform damit auslegen. Aus den Teigresten eine Rolle formen, am Rand der Form andrücken und leicht hochziehen. Die Teigoberfläche mit einer Gabel mehrmals einstechen, damit sie sich nicht aufbläht. 15 Minuten bei 180 °C backen und erkalten lassen. 2 Eigelb mit 50 g Zukker in einer Schüssel verrühren und 1 Minute schaumig schlagen. Im Wasserbad erhitzen und dabei ständig weiterrühren. 50 g Butter stückweise zufügen und den Kochvorgang 3 Minuten fortsetzen, dabei ständig mit dem Schneebesen bearbeiten. Den Zitronensaft ergänzen und weitere 5 Minuten rühren, bis sich eine flüssige Creme ergibt; aus dem Wasserbad nehmen. Die Eiweiß mit einer Prise Salz zu Schnee schlagen und vorsichtig mit einem Spatel unter die Creme ziehen. Den Mürbeteig mit der Creme füllen und mit Puderzucker bestäuben. Bei 250 °C im Ofen 3 Minuten backen und anschließend abkühlen lassen. Vor dem Servieren einige Zitronenviertel in feine Spalten schneiden und damit die Torte verzieren.

Einige Grundzubereitungen

Blätterteig

300 g Weizenmehl
10 g Salz
2 dl Wasser
150 g Butter
Mehl zum Bestäuben

Mehl auf eine Arbeitsfläche sieben, anhäufen und in die Mitte eine Mulde drücken. Salz und Wasser in die Mulde geben, verkneten und den Teig zu einer Kugel formen. In ein Tuch einschlagen und ½ Stunde in den Kühlschrank legen. Butter zu einem quadratischen Stück formen. Den Teig zu einem Quadrat von 20 cm Seitenlänge ausrollen und die Butter in die Mitte geben. Die vier Teigränder darüber zusammenschlagen, so daß die Butter völlig bedeckt ist. Arbeitsfläche und Teig mit Mehl bestäuben. Nun das Ganze zu einem Rechteck von 50 × 20 cm und einer Dicke von 1 cm ausrollen. Anschließend zweimal so zusammenschlagen, daß ein Quadrat entsteht (1. Tour). Nun in Querrichtung zu einem Rechteck mit den gleichen Maßen ausrollen und genauso zusammenschlagen (2. Tour). In ein eingefettetes Papier wikkeln und im Kühlschrank 1 Stunde ruhen lassen. Tour 1 und 2 in gleicher Weise wiederholen (3. und 4. Tour). Noch 1 Stunde kalt stellen. Den Teig 1 Stunde vor der Verwendung aus dem Kühlschrank nehmen.

Briocheteig

8 g frische Hefe
75 g lauwarme Milch
250 g Weizenmehl
3 Eier
8 g Salz
8 g Zucker
150 g Butter

Hefe in 4 EL lauwarmer Milch auflösen. 170 g Mehl und die übrige Milch untermischen. Mit einem Tuch bedeckt bei Zimmertemperatur auf den doppelten Umfang aufgehen lassen. Nach und nach die Eier, Salz, Zucker und das restliche Mehl einarbeiten und den Teig mindestens 10 Minuten kneten. Butter gründlich untermengen, Teig mit einem Tuch bedecken und ca. 2 Stunden zugedeckt bei Zimmertemperatur gehen lassen. Mehrere Male auswalken, wieder zusammenschlagen und weitere 2 Stunden gehen lassen. In ein gefettetes Papier einschlagen und 1 Stunde in den Kühlschrank legen, dabei mit einem Teller und einem Gewicht beschweren. Der Teig ist nun verwendungsfähig.

Cole Slaw

Amerikanischer Weißkohlsalat

½ Weißkohl
300 g Möhren
1 EL Mehl
½ dl Essig
1½ EL Zucker
½ TL Salz
1 TL Senfmehl
1 dl Sahne
25 g Butter
1½ Eigelb

Kohl putzen, in Julienne schneiden und waschen. Möhren reiben. In einem Topf Mehl, Essig, Zucker, Salz und Senfmehl gut mit dem Schneebesen vermischen. Sahne und Butter zufügen und bei mäßiger Temperatur 2–3 Minuten erhitzen. 1 EL der Sauce mit den Eigelb verquirlen. Die Mischung in den Topf geben und bei niedriger Hitze 3 Minuten eindicken (nicht mehr kochen lassen, sonst gerinnt das Eigelb). Vom Herd nehmen und abkühlen lassen. Möhren und Kohl in eine Salatschüssel geben, die Sauce unterziehen und 2 Stunden kalt stellen.

Courtbouillon

Für 1 kg Fisch
1 Möhre
5 Pfefferkörner
2 l Wasser
1 dl Weißwein
½ dl Essig
20 g Meersalz
½ Selleriestange
2 Petersilienstengel
½ Zwiebel, ½ Lorbeerblatt
1 Prise Thymian

Möhre längs vierteln, Pfefferkörner zerdrücken. Sämtliche Zutaten in einen Topf geben und 30 Minuten kochen, anschließend durch ein Sieb gießen. Die hier verwendeten Mengen ergeben eine gehaltvolle Courtbouillon, die sich besonders für Fische wie Steinbutt und Aal eignet. Für magere Fische, wie Forelle und Barsch, wird weniger Gemüse und nur die Hälfte des Weins und Essigs genommen.

Essigmarinade

Diese Marinade wird für gebackenen Fisch verwendet, der dadurch einen vollen Geschmack erhält und sich so außerdem einige Tage aufbewahren läßt. Der Fisch wird 1–3 Tage zusammen mit verschiedenen Kräutern und Gewürzen, manchmal auch mit geschmorten Zwiebeln, in Essig eingelegt.

Fischfumet

½ Zwiebel, 20 g Butter
500 g Fischköpfe und -gräten (möglichst Seebarsch, Seeteufel, Steinbutt und Seezunge)
1 Kräuterbündel (2 Petersilienstengel, 1 Thymianzweig, ½ Lorbeerblatt, ½ Selleriestange, ½ Lauchstange)
5 zerstoßene Pfefferkörner
1 dl Weißwein, 1 l Wasser

Zwiebelscheiben in der Butter andünsten. Die Fischabgänge und sämtliche anderen Zutaten dazugeben. Einige Minuten unter Rühren schmoren, dann Wasser angießen. Aufwallen lassen, 30 Minuten kochen, dabei gelegentlich abschäumen. Die erkaltete Brühe durch ein Sieb gießen und einige Minuten bei mittlerer Hitze einkochen lassen.

Geklärte Butter

500 g Butter

Butter bei mäßiger Hitze 4 Minuten zerlassen und abschäumen. Vorsichtig vom Bodensatz abgießen. Im Kühlschrank aufbewahren.

Weiße Butter

1 große, gehackte Schalotte
2 EL Essig
1½ EL Weißwein
1½ EL Fischfumet
125 g Butter
Salz und Pfeffer

Schalotte, Essig, Wein und Fischfumet in einen Topf geben und bei mäßiger Hitze um ¾ einkochen lassen. Vom Herd nehmen. In die lauwarme Mischung nach und nach die Butter mit einem Schneebesen einarbeiten, bis sie völlig aufgelöst ist und sich eine dicke, cremig-weiße Sauce ergibt. Salzen und pfeffern (sollte die Sauce transparent werden, den Topf in Eiswasser tauchen).

Zitronenmarinade

Diese Marinade wird für rohen Fisch verwendet. Der gesäuberte und trockengetupfte Fisch wird mit dem Saft bedeckt und ruht, je nach Größe, ½–1 Stunde. Durch zu langes Einlegen verliert der Fisch seine Festigkeit.

Saucen

Neben den Saucen, die in den bebilderten Rezepten verwendet und an entsprechender Stelle erklärt werden, finden Sie nachstehend eine ergänzende Auswahl von Saucen für verschiedene Fischarten.

Béarner Sauce

Für ca. ¼ l Sauce
2 Schalotten
1 dl Weißwein
4 EL Essig
1½ EL Estragon
1½ EL Kerbel
3 Eigelb
240 g Butter
1 Prise Cayennepfeffer
Salz

Schalotten hacken. Wein, Essig, Schalotten sowie je 1 EL Estragon und Kerbel in einen Topf geben und bei milder Hitze ca. 15 Minuten auf die Menge von 4 EL Flüssigkeit einkochen. Durch ein Spitzsieb streichen, dabei fest drükken, damit keine Flüssigkeit oder Kräuteraromen verloren gehen. Die erhaltene Flüssigkeit in einen Topf füllen und im Wasserbad bei niedriger Temperatur die Eigelb mit dem Schneebesen einrühren. Die weiche Butter in drei Portionen einarbeiten, wobei die vorherige Zugabe immer erst völlig gelöst sein muß. Vom Herd nehmen und weiter mit dem Schneebesen schlagen, bis sich ein dicke Sauce ergibt. Mit dem restlichen Kerbel und Estragon würzen, mit Cayennepfeffer bestäuben und salzen. Erneut gut durchmischen.

Dillsauce

Siehe Seite 121.

Grüne Mayonnaise

50 g Spinatblätter
Salz
einige Basilikumblätter
1 Bund Petersilie
Mayonnaise von 2 Eigelb
Pfeffer

Spinat unter fließendem Wasser mehrmals waschen. In etwas Salzwasser kochen, ausdrücken und fein wiegen. Basilikum und Petersilie hacken und zum Spinat geben. Sämtliche Zutaten in einer Schale vermischen, salzen und pfeffern.

Holländische Sauce

2 Eigelb, 1 EL Essig
Salz und Pfeffer
200 g Butter
1 EL Zitronensaft

Eigelb mit dem Essig, Salz und Pfeffer in einem Topf verquirlen. Im Wasserbad erhitzen, jedoch nicht aufkochen lassen. Dabei ständig rühren. Die Butter stückchenweise zufügen und weiterrühren, bis sie völlig gelöst ist und die Sauce eindickt. Topf aus dem Wasserbad nehmen und die Sauce mit dem Zitronensaft aromatisieren. Erneut durchmischen und die Sauce heiß servieren.

Knoblauchsauce

4 Knoblauchzehen
2 Eigelb
Salz und Pfeffer
¼ l Öl
Saft von 1 Zitrone

Knoblauchzehen schälen und im Mörser zerstoßen. In einer Schale mit den Eigelb, Salz und Pfeffer vermischen. Öl in dünnem Strahl unter ständigem Rühren zufügen. Zitronensaft ergänzen und gut durchmischen.

Mayonnaise

2 Eigelb
Salz und Pfeffer
¼ l Öl, 1 EL Zitronensaft

Die Eigelb mit Salz und Pfeffer in einer Schüssel verquirlen. Öl langsam dazugießen und ständig rühren, bis die Mischung gebunden ist. Zuletzt mit Zitrone abschmekken.

Nantua-Sauce

250 g Flußkrebse
Salz, 160 g Butter
30 g Mehl, ¼ l Milch
¼ l Fischfumet (Seite 181)
Pfeffer
1 dl Sahne

Die ganzen Flußkrebse 8 Minuten in Salzwasser kochen. Solange sie noch warm sind, ungeschält in kleine Stücke teilen. Mit 120 g zerlassener lauwarmer Butter im Mixer pürieren, anschließend durch ein Sieb streichen. Eine Béchamelsauce zubereiten: In 40 g Butter das Mehl 2 Minuten bei mäßiger Hitze anschwitzen. Vom Herd nehmen. Die kochendheiße Milch, Fischfumet, Salz und Pfeffer unterrühren. Mit dem Schneebesen schlagen und 3 Minuten kochen lassen. Mit der Sahne verfeinern und leicht reduzieren. Vom Herd nehmen und die Krebsbutter unterziehen.

Polnische Sauce

Siehe Seite 147.

Remoulade

4 dl Mayonnaise
1 TL Senf
1 TL Kapern
1 TL gehackte Gürkchen
½ TL gehacktes Basilikum
½ TL gehackte Petersilie
1 TL Sardellenpaste

Mayonnaise und Senf in einer Schale mischen. Kapern, Gürkchen, Basilikum und Petersilie unterrühren und zuletzt die Sardellenpaste ergänzen. Erneut durchmischen.

Sardellen-Mayonnaise

4 Sardellenfilets
Mayonnaise von 2 Eigelb
1 EL Zitronensaft

Sardellenfilets wässern und fein hacken. Zur Mayonnaise mischen und Zitronensaft unterrühren.

Sauce Louis

Siehe Seite 104.

Sauce Tarator

Siehe Seite 46.

Scampisauce

Siehe Seite 82.

Tartarensauce

2 hartgekochte Eigelb
4 dl Öl, Salz und Pfeffer
1 EL frische Schnittlauchröllchen
1 EL Mayonnaise
1 TL Essig

Eigelb durch ein feines Sieb streichen. Öl in dünnem Faden unter ständigem Rühren dazumischen, salzen und pfeffern. Schnittlauchröllchen, Mayonnaise und Essig gründlich untermischen.

Thunfischsauce

80 g Thunfisch in Öl
6 Sardellenfilets
2 hartgekochte Eigelb
¼ l Öl, Saft von ½ Zitrone
1 EL gehackte Petersilie
Salz und Pfeffer

Thunfisch und gewaschene Sardellenfilets pürieren. Die Eigelb in einer Schüssel zerdrücken, die Fischmischung hineingeben und alles unter Zugabe von Öl und Zitronensaft verrühren. Gehackte Petersilie unterziehen, salzen und pfeffern.

Einkauf, Zubereitung, Lagerung

Frischemerkmale

Das Attribut »frisch« verdient nur wirklich fangfrischer Fisch, der außer dem Sortieren, Verpacken in Kisten und Lagern auf Eis keine weitere Behandlung erfahren hat. Bei der Beurteilung der Qualität sind Kriterien wie Aussehen, Beschaffenheit und Geruch wesentlich. Fangfrischer Fisch weist zunächst eine gewisse Starrheit auf, die sich nach einigen Stunden verliert; die Haut wirkt glänzend und straff; die Schuppen liegen am Körper an, der von einer feinen und durchsichtigen Schleimschicht überzogen ist; die Pupillen sind dunkel und klar, die Hornhaut muß glänzend und transparent aussehen. Durch Anheben der Kiemendeckel sieht man die Kiemen, die eine leuchtend dunkelrote Färbung aufweisen sollten. Das Fleisch fühlt sich fest und elastisch an; eine auf Fingerdruck entstehende Mulde verschwindet sogleich wieder. Beim Geruch orientiert man sich an Vergleichen: Frischer Fisch hat einen angenehm salzigen Algengeruch, der an frische Seeluft erinnert. Bei der Wahl von Krusten- und Weichtieren begutachtet man zunächst den Körper, der glänzend, feucht und fest sein muß. Die Tiere sind von lebhafter Farbe, die Fangarme liegen am Körper an, ihre Saugnäpfe dürfen bei Berührung nicht abfallen. Sie haben einen angenehm frischen Meergeruch. Da Weichtiere sich häufig in der Färbung an ihre Umgebung anpassen, können sie sehr unterschiedlich aussehen. Das Fleisch frischer Kalmare und Tintenfische ist sehr hell, während gelbe oder bräunliche Flekken auf schlechte Qualität hindeuten. Miesmuscheln, Venusmuscheln und Austern wiederum werden darauf untersucht, ob die Schalen noch fest verschlossen sind und sich bei Berührung zusammenziehen. Daran erkennt man, ob die Tiere noch leben. Auch sie haben, wie Fisch, einen intensiv salzigen, angenehmen Geruch.

Zubereitung

Je nach Qualität und Beschaffenheit ihres Fleisches können Fische auf unterschiedlichste Art zubereitet werden: pochiert, in Folie gegart, in der Pfanne gebraten, fritiert, im Ofen gebraten, auf dem Elektrogrill oder über Holzkohlenglut gegart, geschmort oder auch gedämpft.

Garziehen im Sud
Der Fisch wird in einer Courtbouillon, die je nach Fischsorte mit mehr oder weniger viel Gemüse zubereitet wurde (vgl. Rezept auf Seite 181) pochiert. Die Courtbouillon muß grundsätzlich erkalten, bevor der Fisch hineingegeben wird.

Garen in der Folie
Bei dieser Methode wird der Fisch zusammen mit den Aromaten und der gewünschten Würzmischung in eingefettetes Papier oder Aluminiumfolie gewickelt, die an den Rändern fest zusammengefaltet wird. Der Garvorgang erfolgt im Ofen.

Braten in der Pfanne
Insbesondere Fischfilets und -stücke werden auf diese Weise gegart. Der normalerweise eingemehlte Fisch wird in zerlassener Butter goldbraun gebraten.

Braten im Ofen
Der Fisch wird mit den kalten Zutaten in eine feuerfeste Form oder Grillpfanne gegeben und im Ofen gegart.

Grillen
Das Garen auf dem Elektro- oder Holzkohlengrill erfordert eine genaue Temperaturregelung und einen ausreichenden Abstand von der Heizquelle, um auf diese Weise einen langsamen und gleichmäßigen Garvorgang zu gewährleisten. Die Fische werden nicht geschuppt.
Man wendet zwei Verfahren an: Entweder werden sie während des Grillvorgangs mindestens zweimal in Salzwasser getaucht oder man bestreicht sie während des Grillens mehrmals mit etwas Öl.

Fritieren
Hierfür bringt man mindestens ½ l Öl zum Sieden und gibt dann den in Mehl gewendeten Fisch hinein. Wenn er schön goldbraun ist, wird er zum Aufsaugen von überschüssigem Fett auf Küchenkrepp gelegt.

Dämpfen
Der Fisch wird im Fischkocher auf einen Einsatz gelegt und gart, ohne mit der Flüssigkeit in Berührung zu kommen, ausschließlich im Dampf.

Schmoren
Nachdem der Fisch in der Pfanne in etwas Butter sautiert wurde, gießt man Wein, Brühe, Tomatensauce oder eine andere Flüssigkeit an und gart den Fisch darin.

Kühlverfahren

Frischer Fisch hält sich im Kühlschrank bis zu 24 Stunden, wenn man ihn zuvor säubert. Auf diese Art bewahrt er sein frisches Aussehen und ist für die Weiterverarbeitung schon fertig vorbereitet. Will man ihn einige Tage lagern, so muß dies im Gefrierfach geschehen. Hierfür wird er sorgfältig gesäubert, trockengetupft und eventuell portioniert oder filetiert. Tiefgefrorener Fisch wird innerhalb von maximal 4 Stunden von Raumtemperatur auf −18 °C gekühlt. Von diesem Moment an darf die Temperatur bis zur Verwendung nicht überschritten werden. Im allgemeinen ist tiefgefrorener Fisch in Klarsichtfolie verpackt, so daß man ihn vor dem Kauf begutachten kann. Nach der Entnahme aus der Gefriertruhe muß er unverzüglich verwendet werden. Das auf der Packung angegebene Haltbarkeitsdatum sollte nicht überschritten werden.

Die richtige Ausstattung für die Fischzubereitung

1 Steinbuttkocher
2 Kleine Stielkasserolle
3 Bratpfanne
4 Suppentopf
5 Schwenkpfanne
6 Kleiner Fischkessel
7 Schaumlöffel
8 Schneebesen
9 Fisch-Backform
10 Spitzsieb

11 Ovale Eisenpfanne
12 Bainmarie-Topf
13 Holzspatel
14 Pfannenwender
15 Großer Fischkessel
16–17 Ovale Auflaufformen
18 Fischschupper
19 Große Schöpfkelle
20 Kugelausstecher
21 Hummerschere
22 Zitronenschaber
23 Spitzes Filiermesser
24 Rostfreie Stahlschere
25 Küchenpinsel
26 Auflaufförmchen
27 Drahtgitterlöffel
28 Saucenlöffel
29 Holzlöffel
30 Kleine Schöpfkelle
31 Holzbrett
32 Wiegemesser
33 Austernbrecher
34 Großes Filiermesser
35 Schälmesser
36 Großes Tranchiermesser
37 Mehlsieb
38 Savarinförmchen
39 Mittelgroße Stielkasserolle
40 Fischgabel
41 Fischmesser

Das Säubern von Fischen, Schal- und Krustentieren

Vor der Zubereitung muß der Fisch zunächst gesäubert, das heißt von den nicht eßbaren Teilen befreit werden (Flossen, Schuppen, Gräten, Kopf, Innereien), die ungenießbar oder sogar unbekömmlich sind.

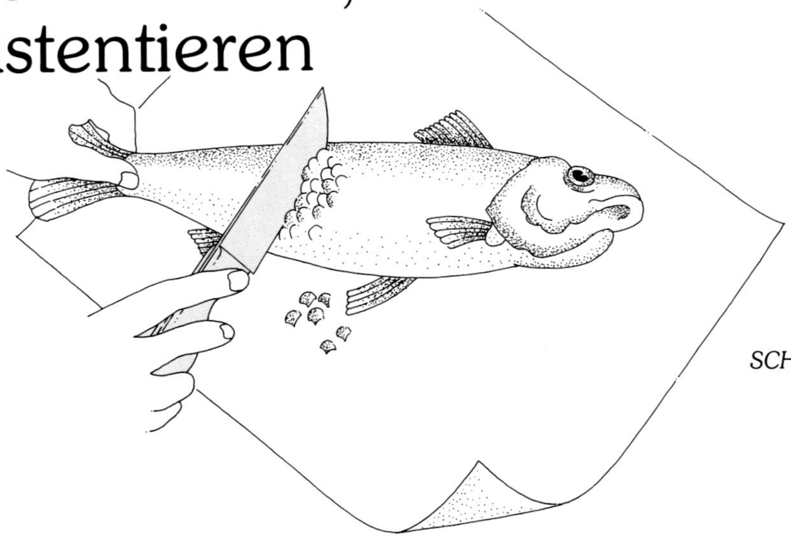

SCHUPPEN

Fische

Schuppen Den Fisch auf Papier legen, am Schwanz festhalten und mehrere Male kraftvoll mit einer flach gehaltenen Messerklinge oder dem Fischschupper in Kopfrichtung die Schuppen abstreifen.

Ausnehmen Dieser, vielleicht wichtigste, Vorbereitungsschritt umfaßt das Entfernen der Eingeweide und Säubern der Bauchhöhle. Er sollte möglichst unmittelbar nach dem Kauf des Fisches erfolgen.
Große *Rundfische,* wie Seebarsch oder Makrele, werden ausgenommen, indem man sie vom Ausgang des Darms bis zum Kopfansatz mit einem scharfen Messer oder der Küchenschere öffnet (1). Nun werden die Eingeweide mit einem kräftigen Ruck herausgezogen (2). Bei sehr kleinen Rundfischen, wie Sardellen oder Sardinen, zieht man den Kopf ab und preßt gleichzeitig durch Drücken mit der anderen Hand auf den Bauch die Innereien heraus (3).
Bei *Plattfischen,* wie z. B. Flunder, Steinbutt und Seezunge, nimmt man hinter der Kieme auf der dunkelhäutigen Seite einen halbkreisförmigen Einschnitt vor (4). Man entfernt die Eingeweide, spült den Fisch innen gründlich aus und schneidet dann mit der Schere die Seiten- und Bauchflossen ab (5).

AUSNEHMEN

Rundfische

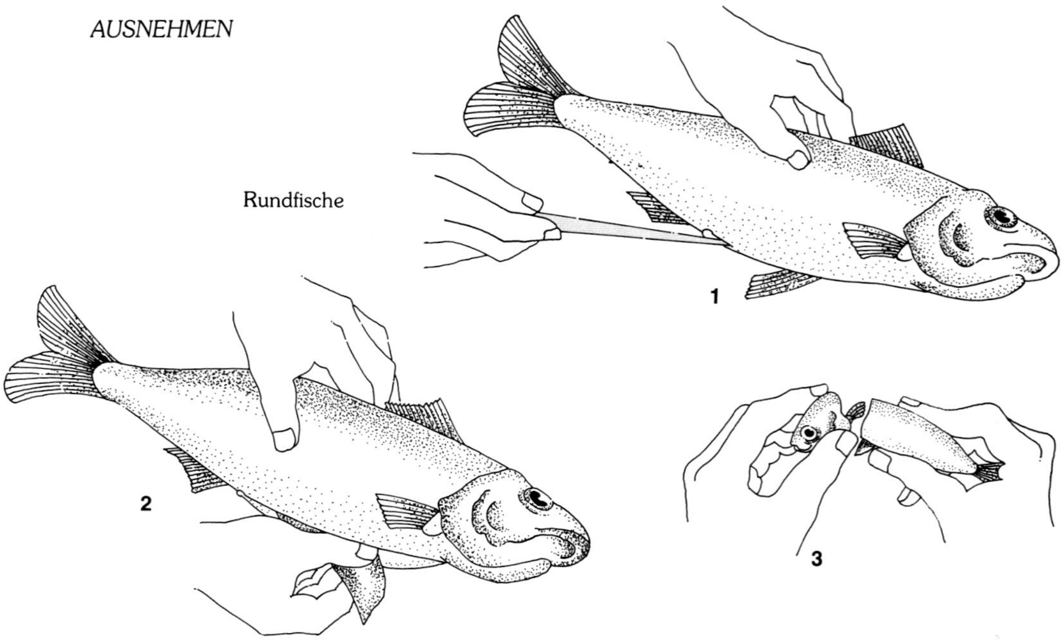

1 2 3

Plattfische

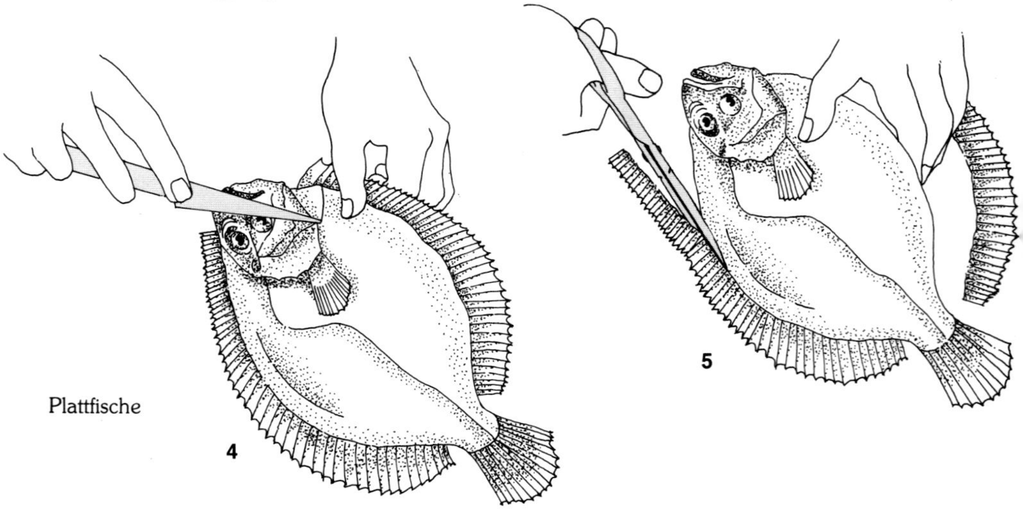

4 5

Enthäuten Manche Fische, wie z. B. der Aal, werden zunächst unterhalb der Kiemen mit einem scharfen Messer rundum eingeschnitten (1). Nun hebt man mit der Messerspitze den Rand ab (2), hält den Kopf des Fisches gut fest und zieht die Haut mit einem kräftigen Ruck in Schwanzrichtung herunter (3).

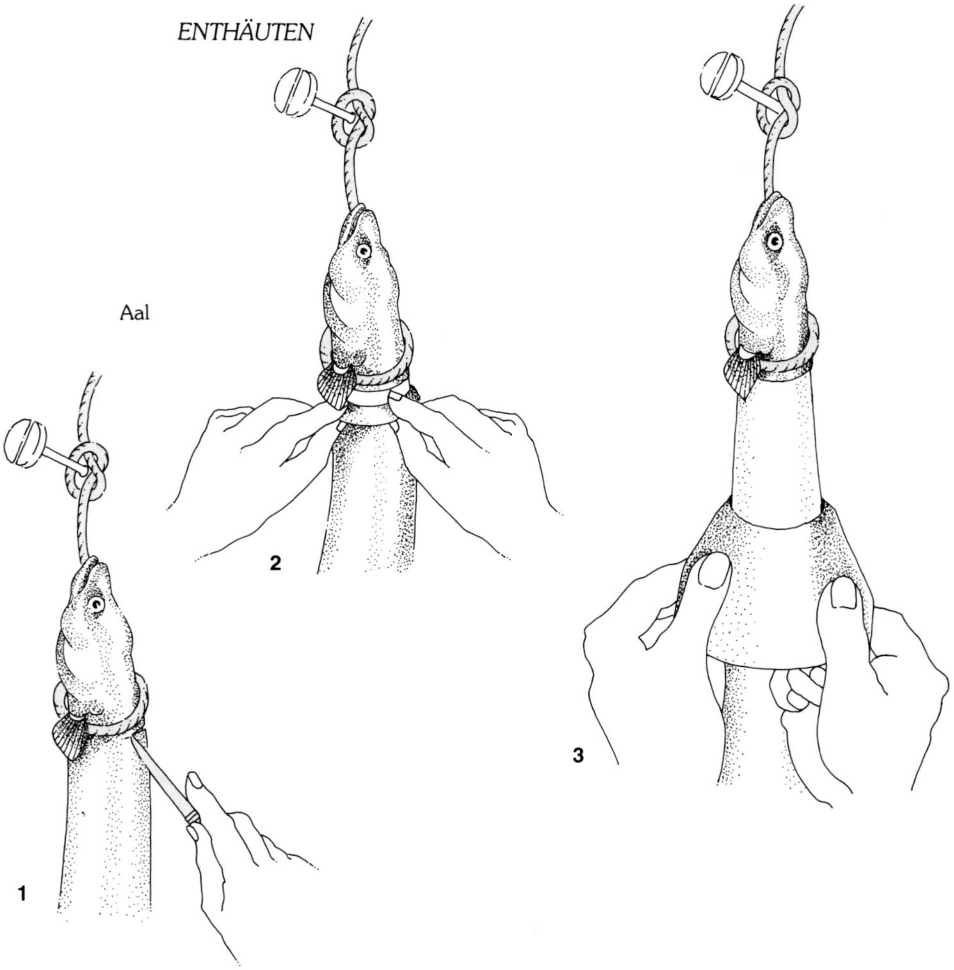

Plattfische werden im allgemeinen nur auf der dunklen Seite gehäutet. Man schneidet den Fisch unmittelbar oberhalb der Schwanzflosse ein (4), hält den Schwanz gut fest und zieht die Haut vorsichtig in Kopfrichtung ab (5).

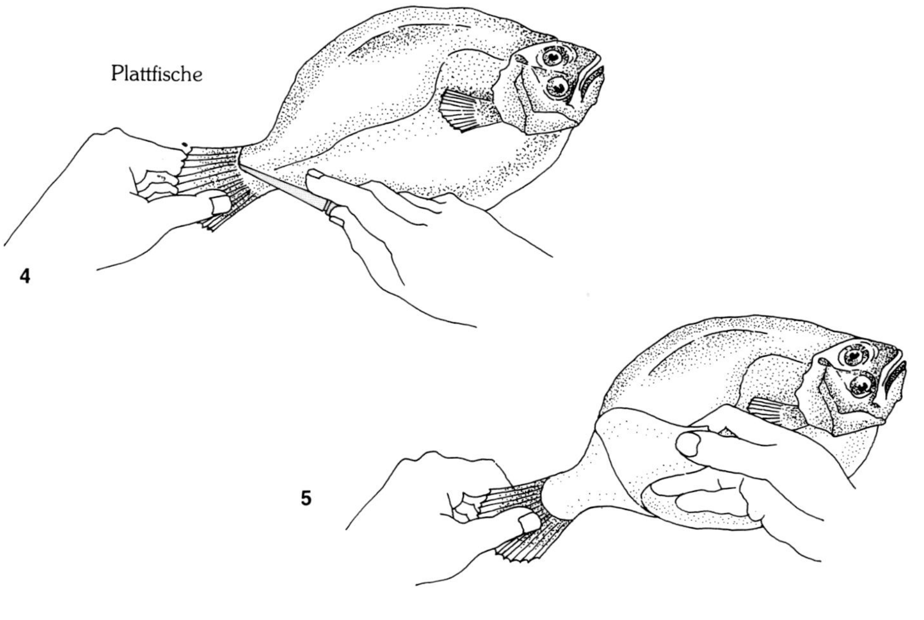

Filetieren Die moderne Küche verwendet häufig Fischfilets. Wichtigstes Werkzeug zum Filetieren ist ein feines, spitzes und vor allem rasierklingenscharfes Messer.
Rundfische werden am Rückgrat entlang eingeschnitten (1). Nun wird das obere Filet, am Kopf beginnend, vorsichtig ausgelöst (2). Das Messer liegt dabei parallel zum Rückgrat.
Plattfische schneidet man entlang der Seitenlinie ein (3) und löst nun zuerst das eine, dann das zweite Filet heraus (4).Den gleichen Vorgang wiederholt man auf der anderen Seite des Fisches (5).

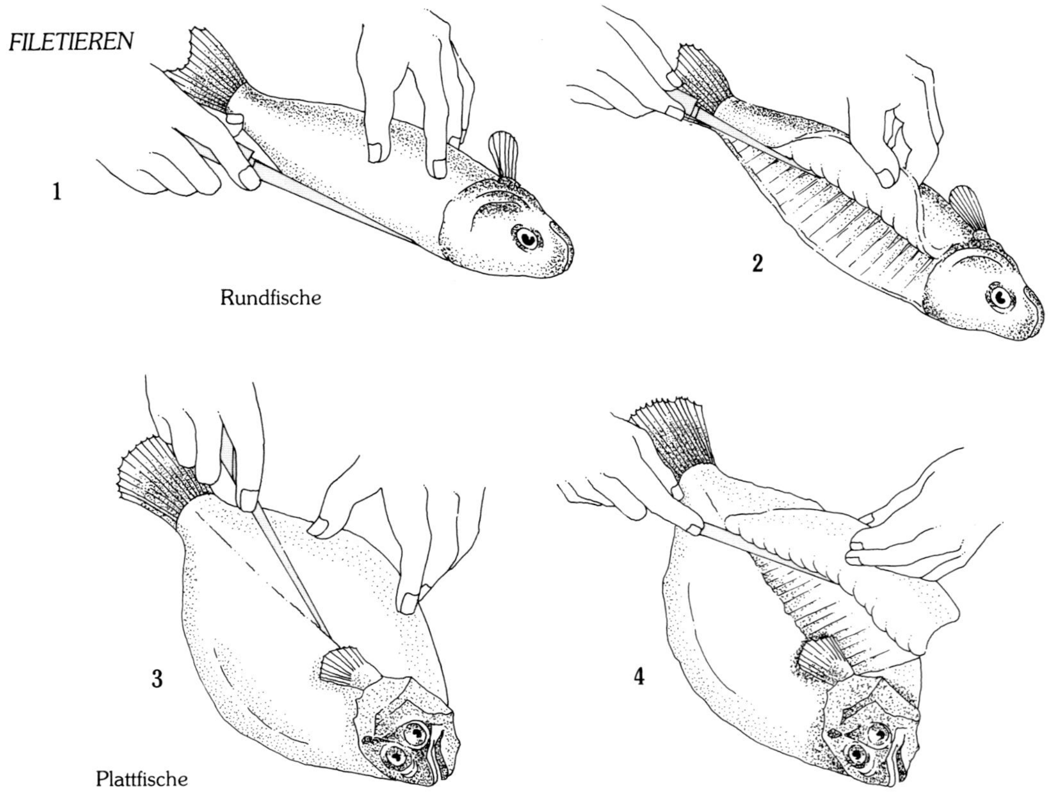

Krustentiere

Langusten werden zunächst gekocht. Erst dann trennt man den Kopf ab (1), legt die Languste mit dem Rücken nach unten auf die Arbeitsfläche, schneidet sie längs ein (2), öffnet die Schale und löst das Fleisch aus (3).
Bei *Krebsen* wird zuerst der Kopf, dann der Schwanz abgetrennt (1). Man löst das Fleisch aus den Schalen (2) und entfernt den Darm, der sich als schwarzer Strang am Rücken entlangzieht.

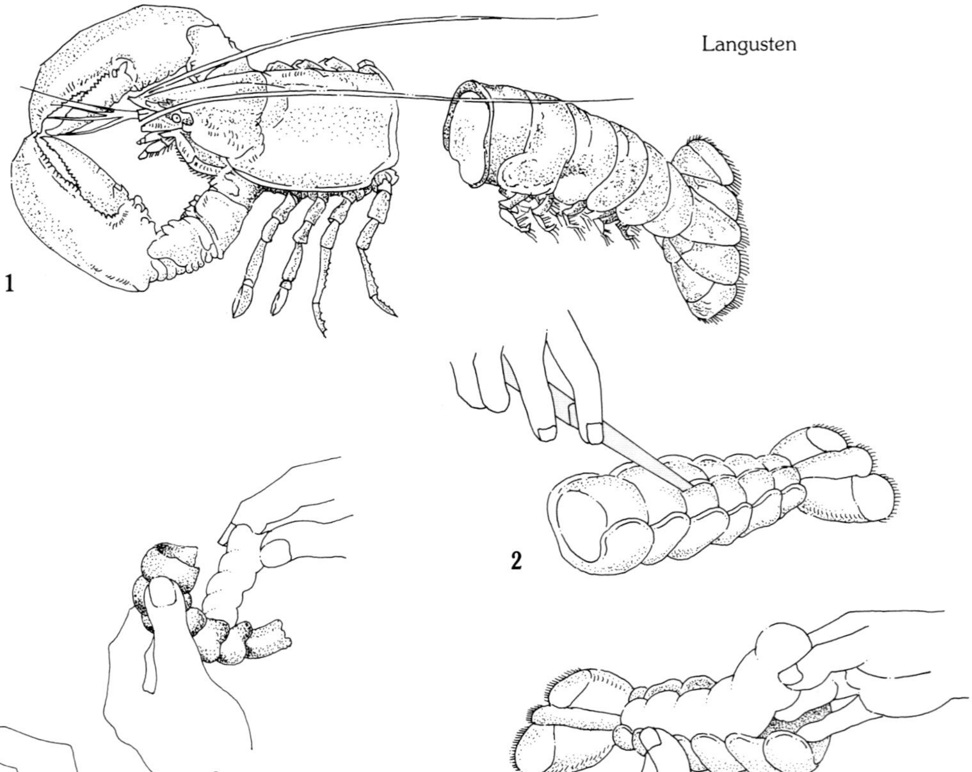

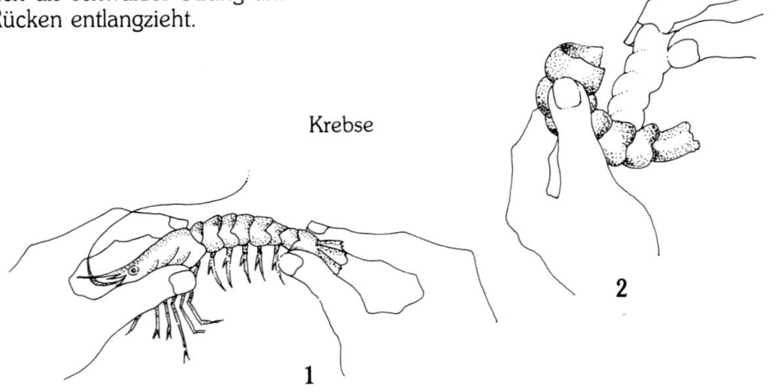

Weichtiere

Zum Säubern von *Kraken* stülpt man den großen Körpersack um (1). Anschließend werden die Innereien herausgezogen und Augen und Mund an der Verbindungsstelle der Fangarme mit einem scharfen Messer herausgeschnitten (2).
Bei *Tintenfischen* löst man durch Ziehen den Kopf mit den Fangarmen vom Körper (1) und entfernt die Innereien samt dem Tintenbeutel. Durch Drücken gegen das Ende des Körpersacks wird der Knochen herausgeschoben (2).

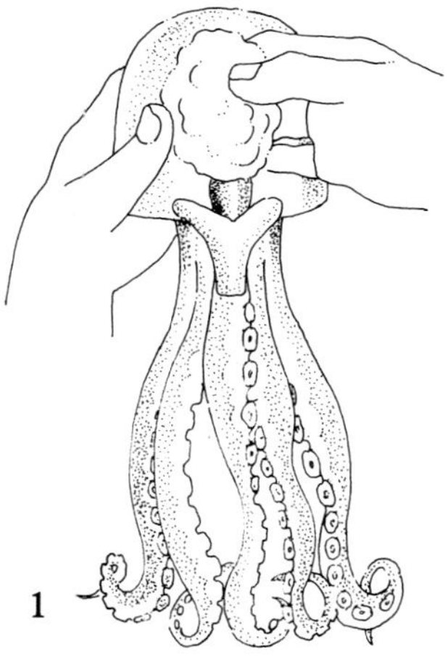

1

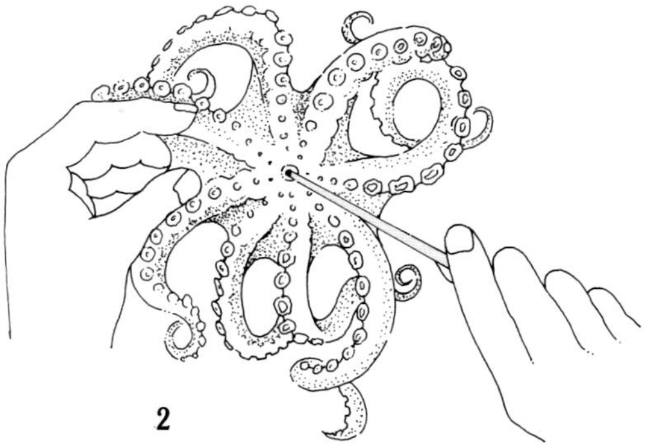

2

Krake

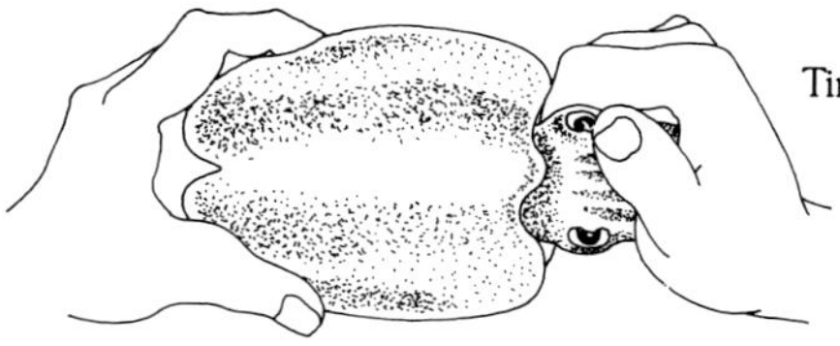

1

Tintenfisch

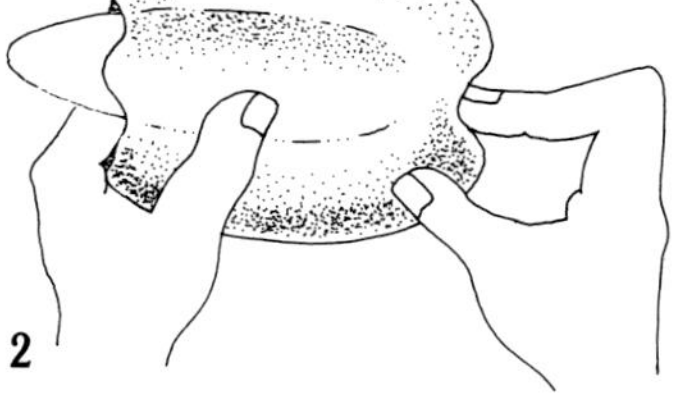

2

Miesmuscheln und *Venusmuscheln* legt man vor der Zubereitung mindestens 1 Stunde unter fließendes Wasser, um den Sand auszuschwemmen (1). Muscheln mit rauher Schale werden anschließend mit einer harten Bürste gesäubert (2) und entbartet (3).

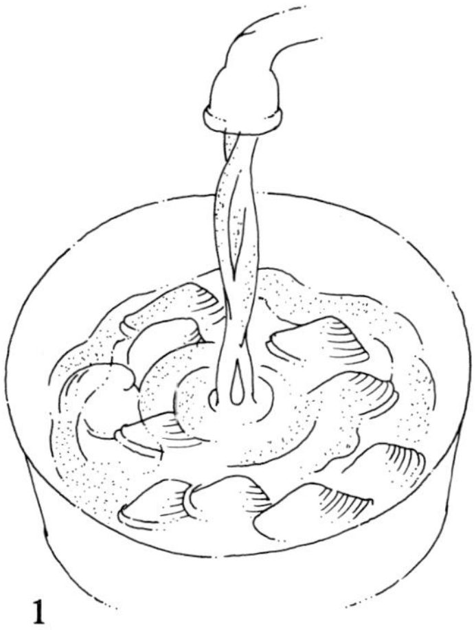

1

Miesmuscheln und Venusmuscheln

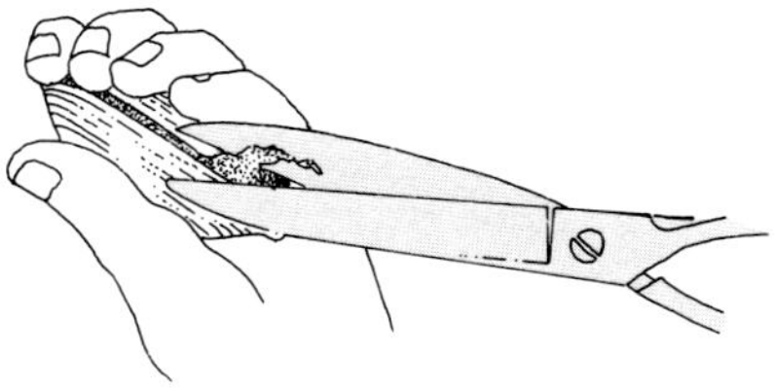

3

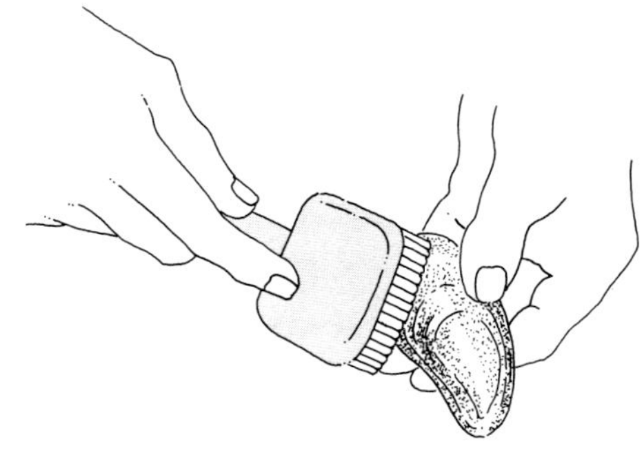

2

Rezept-Register

BLV Kochbücher für Feinschmecker

Lo Mei Hing/
Giulia Marzotto Caotorta/
Sun Tzi Hsi

Chinesisch kochen Schritt für Schritt

Dieser Führer durch die klassische chinesische Küche ist ebenso prachtvoll und großzügig ausgestattet wie das vorliegende »Fische und Meeresfrüchte«-Buch. Die 186 Originalrezepte enthalten die berühmtesten Speisen der chinesischen Provinzen. Jedes Rezept ist von Farbfotos begleitet, die Schritt für Schritt die Zubereitung zeigen und das fertige Gericht vorführen. Die erforderlichen Zutaten und Geräte werden ausführlich beschrieben. Informationen über Getränke, Koch-Philosophie, Tischsitten und Menü-Zusammenstellung bieten faszinierende Einblicke in Chinas Eßkultur.

317 Seiten, über 800 Farbfotos,
2 s/w-Fotos, 3 Zeichnungen

Erna Horn/
Hedwig Stumpf

Fisch in der Küche

Ein Grundlagenbuch der Fischküche: Über 400 deutsche und internationale Rezepte für Süßwasserfische, Seefische, Schal- und Krustentiere zeigen die ganze Fülle der Zubereitungsmöglichkeiten. Dazu enthält das Buch auch Rezepte für Sude, Füllungen, Aspik, Backteig, Saucen und Buttermischungen sowie Vorschläge für passende Beilagen. Hinweise und Tips zu Nährwertgehalt, Einkauf, Vorbereitung, Grundzubereitungen, Anrichten, Servieren und Einfrieren von Fisch sind unentbehrlich für die Küchenpraxis.

4. Auflage (Neuausgabe), 223 Seiten,
19 Farbfotos, 98 Zeichnungen

Erna Horn/
Christa Muhle-Witt

Wild in der Küche

Wildbret ist fettarm, eiweißreich, gesund – und, richtig zubereitet, ein ganz besonderer Leckerbissen. Dieses Kochbuch garantiert eine abwechslungsreiche, immer gelungene Wildküche. Es enthält Rezepte für Reh- und Rotwild, Gams- und Schwarzwild, Hase, Kaninchen und Wildgeflügel. Und dazu Vorschläge für Suppen, Saucen, Buttermischungen, für Marinaden, Teige, Grundbrühen, Gelees und Farcen – für die perfekte Zubereitung.

11. Auflage (Neuausgabe),
223 Seiten, 16 Farbfotos,
50 Zeichnungen

BLV Kochpraxis

Peter Bührer

Spargel einfach Spitze

Wer gerne Spargel ißt und nach neuen Rezepten und Anregungen sucht, findet hier eine hervorragende Rezeptsammlung. Ob einfach oder exklusiv zubereitet, ob als Hauptgericht, Salat, Cocktail, Suppe, Beilage oder Getränk – die Varianten dieses Buches bieten Köstlichkeiten für jeden Geschmack. Das Kapitel »Spitzenköche aus aller Welt stellen ihr liebstes Spargelgericht vor« zeigt, wie Küchenchefs in London und Paris, Zürich und München ihre Gäste verwöhnen. Wertvolle Tips und Informationen über die verschiedenen Spargelsorten, Qualitätsmerkmale, Handelsklassen, Anbaugebiete und Grundzubereitungen runden das Buch ab.

2. Auflage, 119 Seiten,
6 Farbfotos, 29 s/w-Fotos

BLV Kochpraxis

Christa Muhle-Witt

Pasteten, Torten und Strudel

Mit diesem Buch sind die wohlschmeckenden Gaumenfreuden aus gewürztem Fleisch, Fisch oder Gemüse in einem Mantel aus Teig einfach und zeitsparend herzustellen. Wie problemlos die Pastetenbäckerei ist, zeigen die vielen erprobten Rezepte dieses Buches. Ob Pasteten in der Form oder auf dem Backblech, ob Terrinen, Galantinen, Schaumbrote, pikante Torten und Strudel oder Fleisch in der Teigkruste – mit diesem Buch können Sie Ihre Küche um klassische oder volkstümliche Spezialitäten bereichern, die nicht einmal in Feinkostläden angeboten werden!

135 Seiten, 5 Farbfotos,
11 Zeichnungen

BLV Kochpraxis

Veronika Müller

Überbackenes, Aufläufe und Puddings

Gratins, Flans, Soufflés und Puddings – Leckeres und Lockeres aus dem Ofen hilft dieses Buch zubereiten. Gerichte für den Feinschmecker werden ebenso geboten wie deftige Genüsse aus der regionalen Küche. Über 150 Rezepte sorgen für eine große Auswahl. Dem Rezeptteil voraus gehen Erläuterungen über Küchentechniken und typische Merkmale dieser pikanten oder süßen Ofengerichte sowie Wissenswertes über geeignete Kochgeschirre.

2. Auflage, 139 Seiten, 9 Farbfotos,
6 Zeichnungen

BLV Verlagsgesellschaft München